KB057937

명예훼손죄·사이버 명예훼손죄 실무지침서

명예훼손
사이버 명예훼손
고소방법

편저 : 대한법률콘텐츠연구회

(콘텐츠 제공)

📖 법문북스

명예훼손죄·사이버 명예훼손죄 실무지침서

명예훼손
사이버 명예훼손
고소방법

편저 : 대한법률콘텐츠연구회

(콘텐츠 제공)

법문북스

머 리 말

　정보통신기술의 발달로 인하여 거의 모든 사무처리가 전산화되었고 각 가정에도 대부분 1대 이상의 컴퓨터나 노트북 등을 보유하고 있으며 국민 대부분이 휴대전화와 휴대정보단말기의 장점을 결합한 소위 스마트폰(smartph one)을 사용하고 있습니다. 아시다시피 울고 있는 3세에 불과한 영아에게 아빠와 엄마의 스마트폰을 주면 울음을 그치고 스마트폰을 능수능란하게 사용하고 있는 상황으로, 전 국민이 매일 인터넷에 접속하고 있다고 해도 과언이 아닙니다.

　인터넷 접속률이 높은 만큼 사이버상의 범죄가 많이 일어나고 있으며, 그 중에서도 현대사회에서의 명예훼손죄 또한 주로 사이버 공간에서 발생하고 있다는 것입니다.

　손가락 몇 번 만 간단히 움직이면 글을 표현하고 누구나 볼 수 있는 시대입니다. 더불어 인터넷 접속률 높은 만큼 인터넷의 글의 파급력이 큰 우리나라에서 표현의 자유가 침해될 수 있음과 누군가의 명예가 훼손 될 수 있다는 명예존중 사이의 접점을 찾는 것은 어려우면서도 흥미로운 주제가 아닐 수 없습니다.

　인터넷에 의해 구현되는 사이버스페이스(cyberspace)는 그 획기적인 여러 기능들, 전 세계를 하나의 시간대로 묶어주는 동시성, 쌍방향성, 접근의 용이성, 익명성 등 가상공간을 통한 음란물 유통, 개인의 인격 침해행위, 사이버명예훼손이 갈수록 극심해지고 폭발적으로 증가해가고 있습니다.

　접근성이 높아지면서 온라인에 다양한 의견을 표출하는 방법과 기회가 늘어나고 있습니다. 그와 비례하여 사이버 상 명예훼손 게시 글에 대한 고소건수도 점점 많아지고 있습니다.

　그런데 일부 고소인이 자신에 대한 명예훼손 게시 글 수십 ~ 수백 건을 고소하는 경우가 발생하고 있는 것은 사이버 명예훼손 고소사건의 대부분 인터넷에서 일어나는 명예훼손이므로 게시자의 인적사항이 특정되지 않기 때문에 범인이 사용하던 아이디나 닉네임 등에 대한 압수수색영장 발부받아 추적수사를 해야 하는 절차를 거쳐야 하므로, 한 사건 당 소요되는 수사비용이 상당히 많이 들어갑니다.

명예훼손은 반의사불벌죄로서 특성상 게시 자가 특정되면 고소인이 합의금을 받고 고소를 취소하는 경우가 많습니다. 이러한 점을 이용하여 처음부터 합의금을 목적으로 대량 고소를 진행하는 경우도 발생하고 있습니다. 어떻게 보면 국가가 이와 같은 사익(합의금)을 목적으로 하는 대량고소에 대해 수사력을 투입하는 것이 부적절하다는 지적이 있는 것도 사실입니다.

그래서 대량의 명예훼손 고소가 접수되면 수사관계자는 우선, 고소인의 과거 동종 대량고소 여부·횟수 및 처분 결과를 보고, 두 번째로 형사 고소 외 민사·형사적 수단 활용 여부, 세 번째로 합의 의사 명시, 네 번째로 고소보충 출석을 기피하는지 여부를 기준으로 판단해 처음부터 수사를 하지 않고 종결할 수도 있습니다.

공공성과 진실성을 가진 정보는 명예훼손보다 먼저 보호되는 것이 일반적입니다. 하지만 공공성은 있지만, 비방의 목적을 가진 정보는 위법성조각사유가 될 수 없습니다. 즉 비방의 목적이 있으면 공익성이 부인된다는 것을 의미합니다. 그러나 비록 비방의 내용을 내포하고 있더라도 주된 내용이 공익에 해당된다면 비방의 목적은 부인되어 벌할 수 없습니다.

우리 법문북스에서는 명예훼손을 당하고 억울한 마음을 가지고 있는 피해자가 남의 힘을 빌리지 않고도 스스로 명예훼손이 성립되는지 명예훼손이 성립하면 고소장은 어떻게 작성하고 고소장은 어디에 접수하여야 하며, 고소가 진행되는 고소방법을 보다 자세히 알려드리고 법률전문가의 도움 없이도 직접 해결할 수 있도록 하는 지침서를 적극 권장하고 싶습니다.

2023.02.
편저자 드림

명예훼손 · 사이버 명예훼손 고소방법

명예훼손·사이버 명예훼손 고소방법

제1장. 명예훼손·사이버 명예훼손에 대하여

제1절

(1) 형법 명예훼손

명예훼손은 이용매체에 따라 나눠집니다. 명예훼손 중에서 말이나 종이 등에 기재하는 방식으로 명예훼손이 이루어진 경우는 형법 제307조 명예훼손죄가 적용됩니다.

명예훼손죄의 구성요건인 공연성은 불특정 또는 다수인이 인식할 수 있는 상태를 의미하고(대법원 1991. 6. 25. 선고 91도347 판결 등 참조), 비록 개별적으로 한사람에 대하여 사실을 유포하였다고 하더라도 그로부터 불특정 또는 다수인에게 전파될 가능성이 있다면 공연성의 요건을 충족하여 명예훼손이 성립하지만 이와 달리 명예훼손 내용이 전파될 가능성이 없다면 특정한 한 사람에 대한 사실의 유포는 공연성을 인정할 수 없으므로 명예훼손이 성립하지 않는다는 취지의 판결입니다.(대법원 1992. 5. 26. 선고 92도445 판결, 1996. 7. 12. 선고 96도1007 판결 등 참조).

형법 제307조 명예훼손죄의 법 정의에도 나와 있듯이'명예'라 함은 사람의 인격적 가치에 대한 사회적 평가를 말합니다.

악사추행 등 윤리적인 것에 한하지 않으며, 사람의 신분·성격·혈통·용모·지식·능력·직업·건강·품성·덕행·명성 등에 대한 사회적인 평가, 즉 외부적 명예를 의미합니다.

형법상 명예훼손이 되려면 공연(公然)히, 즉 불특정 또는 다수인이 인지(認知)할 수 있는 상황에서 사실 또는 허위의 사실을 적시(摘示)하여야 합니다. 그 방법에는 제한이 없으며, 그로 인해 반드시 사회적 평가를 저하(低下)시켰음을 요하지 아니하고, 저하케 하는 위험상태를 발생시킴으로써 족합니다.

다만, '명예훼손' 과 '기분이 나쁜 것' 은 구별해야 합니다. '명예훼손' 이란 '사회적 가치를 떨어뜨리는 사실을 퍼뜨리는 것' 을 뜻합니다.

원리는 간단합니다. 이름이나 사진이 이용된 매체가 언론 기사든, 모델소설이든,

가요 앨범이든, 공연이든, '하자가 없는 상품·서비스' 의 내용을 전달하는 데 필요 불가분한 이용이었으면 '상업적 이용' 이 아니므로 퍼블리시티권 침해가 아니므로 명예훼손이 성립하지 않습니다.

인격권으로서 '명예'는 인간이 지키고자 하는 본연의 것이며 때로는 생명만큼 중시되기도 합니다.

명예훼손은 개인이 자기의 명예를 존중받을 수 있는 법적 청구권을 보호법익으로 합니다. 개인의 '외적 명예', 즉 개인에 대한 '사회적 평가'를 저하시키는 표현을 말이나 종이 등에 게재하는 행위에 대해서는 형법 제307조 명예훼손죄로 처벌받을 수 있고 손해배상 책임도 면할 수 없습니다.

명예훼손은 공연히 사실 또는 허위사실을 적시하여 "사람"의 "명예"를 훼손함으로써 성립합니다. 여기서 "명예"란 사람의 인격적 가치에 대한 사회일반의 평가라고 해석되고, "사람"이란 자연인과 법인을 의미하는데, 실무상 주로 논란이 되는 것은 사람이 집합명칭 등을 사용한 경우에 구체적으로 대상이 특정되었는지 여부가 문제됩니다.

일반적으로는 ① 집합명칭을 사용하여 집단에 속하는 모든 구성원의 명예를 침해하는 경우(예컨대, A 세무서의 공무원이나 B병원의 모든 의사라는 명칭)에는 집단 구성원이 타인과 명백히 구별될 정도로 집합명칭이 특정되어야 하고, ② 구성원의 일부를 지적하였으나 그것이 누구인지 명백하지 않아서 구성원 모두가 혐의를 받는 경우(A정당 소속 국회의원이나 B종합병원 소속 의사라는 명칭)에는 대상자의 수와 규모 및 집단의 크기 등을 고려해 구성원이 쉽게 특정될 수 있어야 합니다.

형법 제307조 명예훼손죄는 제1항에 사실을 적시하든, 제2항에 허위 사실을 적시하든 이를 통해 타인의 명예를 훼손시켰다면 모두 처벌을 받도록 돼 있습니다.

형법은 일반적인 명예훼손은 제307조에서 사실 적시에 대한 명예훼손은 제1항에 허위 사실을 적시에 대한 명예훼손은 제2항으로 처벌하되, 출판물과 미디어의 명예훼손은 제309조에 의하여 가중처벌하고 있습니다.

제310조(위법성의 조각) 제307조 제1항의 명예훼손 적 행위가 진실한 사실로서 오로지 공공의 이익에 관한 때에는 처벌하지 아니합니다.

제312조(고소와 피해자의 의사) 제1항 형법 제308조 사자의 명예훼손과 제311조 모욕죄의 죄는 고소가 있어야 공소를 제기할 수 있는 친고죄입니다. 제2항 형법 제307조 명예훼손죄와 형법 제309조 출판물에 관한 명예훼손의 죄는 피해자의 명시한 의사에 반하여 공소를 제기할 수 없는 반의사불벌죄입니다.

명예훼손의 불특정은 행위 시에 상대방이 구체적으로 특정되어 있지 않다는 의미가 아니라 상대방이 특수한 관계로 한정된 범위에 속하는 사람이 아니라는 뜻입니다. 예를 들어 아무개 네 가족 앞에서 아무개를 썹어대는 경우는 불특정이 아닌데, 피해자의 가족은 특정인에 해당되기 때문입니다.

다수인이란 특정여부와 관계없이 상당한 다수인임을 요한다(단순히 2명 이상을 의미하는 것은 아니다).

인식할 수 있는 상태는 불특정 또는 다수인에게 인식될 수 있는 가능성이 존재하는 것을 말하며, 상대방이 현실적으로 인식할 것을 요구하는 것은 아닙니다.

전파가능성의 기준으로 (1)피해자와 동업관계에 있고 친한 사이인 사람에게 피해자에 대한 험담을 한 경우 (2)피해자와 그 남편 앞에서 사실을 적시한 경우 (3)피해자가 근무하는 학교 이사장에게 피해자의 비리를 고발한 경우

(4)피해자의 친척 1인에게 불륜관계를 말한 경우 (5)피해자 본인에게 사실 혹은 허위사실에 기초한 험담을 한 경우는 전파가능성이 없다고 보고 공연성을 인정하지 않기 때문에 명예훼손이 성립하지 않습니다.

명예훼손 적 내용이 형법 제307조 제1항의 사실이 진실한 사실인지 같은 제2항의 허위의 사실인지에 따라서 적용 법조문이 달라지기 때문입니다.

허위의 사실을 적시한 경우 벌금이 두 배로 뛰고 10년이라는 자격정지 꼬리표까지 붙습니다. 사실과 허위를 구분하는 법조항의 존재 때문에 피고인이 범행을 부인할 경우 법정에서 사실인지 아닌지를 따지는 심리가 뜻하지 않게 열리게 됩니다.

사실은 현실적으로 발생하고 증명할 수 있는 과거 또는 현재의 사실을 말하며 장래의 일을 적시하더라도 그것이 과거 또는 현재의 사실을 기초로 하거나 이에 대한 주장을 포함하는 경우에는 명예훼손죄가 성립합니다.

제2절

(1) 처벌 규정

가. 사실적시에 의한 명예훼손

형법 제307조 제1항 공연히 사실을 적시하여 사람의 명예를 훼손한 자는 2년 이하의 징역이나 금고 또는 500만 원 이하의 벌금에 처하는 범죄입니다.

나. 허위사실 적시에 의한 명예훼손

형법 제307조 제2항 공연히 허위의 사실을 적시하여 사람의 명예를 훼손한 자는 5년 이하의 징역, 10년 이하의 자격정지 또는 1,000만 원 이하의 벌금에 처하는 범죄입니다.

(2) 성립요건

명예훼손죄가 성립하기 위해서는 기본적으로 객관적 구성요건요소인 첫째, '공연성'이 인정되어야 하고, 둘째, '사실적시 또는 허위사실의 적시'가 있어야 하고, 셋째, 주관적 구성요건요소인 명예훼손의 '고의'가 인정되어야 명예훼손죄가 성립합니다.

형법 제307조 제1항 사실적시에 의한 명예훼손의 행위가 진실한 사실로서 오로지 공공의 이익에 관한 때에는 형법 제310조에 의한 위법성이 조각되어 벌하지 않습니다.

위법성이 조각되려면 적시한 사실은 진실한 사실이어야 성립합니다.

형법 제310조 위법성조각사유는 "제307조 제1항 사실적시에 의한 명예훼손 행위가 진실한 사실로서 오로지 공공의 이익에 관한 때에는 처벌하지 아니 한다"고 규정하고 있으므로, 공연히 사실을 적시하여 사람의 명예를 훼손하였다고 하더라도, 그 사실이 공공의 이익에 관한 것으로서 공공의 이익을 위할 목적으로 그 사실을 적시한 경우에는, 그 사실이 진실한 것임이 증명되면 위법성이 조각되어 그 행위를 처벌하지 아니합니다.

그리고 이 경우에 적시된 사실이 공공의 이익에 관한 것인지의 여부는 그 사실 자체의 내용과 성질에 비추어 객관적으로 판단하여야 할 것이고, 행위자의 주요한 목적이 공공의 이익을 위한 것이라면 부수적으로 다른 사익적인 동기가 내포되어 있었다고 하더라도 형법 제310조 위법성조각사유의 적용을 배제할 수는 없습니다.

대법원은 '적어도 행위자가 그 사실을 진실한 것으로 믿었고 또 그렇게 믿을 만한 상당한 이유가 있어야 할 것이며, 그것이 진실한 사실로서 오로지 공공의 이익에 관한 때에 해당된다는 점은 행위자가 증명하여야 한다.' 라고 밝히고 있습니다.

위법성조각사유가 성립되기 위해서는 적시된 사실의'진실성'과 사실적시 목적의 '공익성' 이 충족되어야 합니다.

허위사실 적시를 대상으로 하는 형법 제307조 제2항 허위사실 적시의 명예훼손죄는 허위사실의 적시로서 진실성과 공익성이 인정되지 않으므로 형법 제310조 위법성조각사유는 적용되지 않습니다.

가. 공연성 '공연히'

"전파가능성만 있어도 공연성은 인정됩니다"

"공연히"사실을 적시하여야 명예훼손이 성립할 수 있는데,"공연성"이란 불특정 또는 다수인이 인식할 수 있는 상태를 의미하고, 판례는 특정된 사람을 상대로 사실을 적시하여도 그 사람이 불특정 또는 다수인에게 그 말을 전파할 수 있으면 공연성을 인정하여 실무상 공연성은 널리 인정되므로 이른바"전파가능성설"을 기준으로 하고 있습니다.

공연성의 (1)불특정은 행위 시에 상대방이 구체적으로 특정되어 있지 않다는 의미가 아니라 상대방이 특수한 관계로 한정된 범위에 속하는 사람이 아니라는 뜻입니다. 예컨대 피해자의 가족 앞에서 피해자를 씹어대는 경우는 불특정이 아닌데, 피해자의 가족은 특정인에 해당되기 때문입니다. (2)다수인은 특정 여부와 관계없이 상당한 다수인임을 요한다(단순히 2명 이상을 의미하는 것은 아니다). (3)인식할 수 있는 상태는 불특정 또는 다수인에게 인식될 수 있는 가능성이 존재하는 것을 말하며, 상대방이 현실적으로 인식할 것을 요구하는 것은 아닙니다.

공연성은 전파가능성의 기준으로 예를 들어 (1)피해자와 동업관계에 있고 친한 사이인 사람에게 피해자에 대한 험담을 한 경우 (2)피해자와 그 남편 앞에서 사실을 적시한 경우 (3)피해자가 근무하는 학교 이사장에게 피해자의 비리를 고발한 경우 (4)피해자의 친척 1인에게 불륜관계를 말한 경우 (5)피해자 본인에게 사실 혹은 허위사실에 기초한 험담을 한 경우는 전파가능성이 없다고 보고 공연성을 인정하지 않습니다.

그래서 공연성은 피해자에게 명예훼손 한 사실을 제3자 등이 목격했을 때 비로소 인정되는 것입니다. 대법원의 중요한 판례에 의하면 공연성은 '불특정 또는 다수인이 인식할 수 있는 상태'라고 밝히고 있습니다.

형법 제307조 명예훼손죄의 법 정의에도 나와 있듯이 '공연히' 공연성은 제3자가 불특정한 경우 그 숫자가 다수이건 소수이건 상관이 없다는 뜻이며, 제3자가 다수인 경우 그 특정이 불특정이건 특정이건 상관이 없다는 의미로 제3자가 불특정할 경우 그 숫자가 다수이건 소수이건 상관없이 공연성이 인정되고, 제3자의 숫자가 다수인 경우 그 특정이 불특정이건 특정이건 상관없이 공연성이 인정된다는 것입니다.

여기서 특정이란 친분이 있는 사람을 말하고, 불특정은 친분이 없는 사람 제 3자를 말하는데 대법원은 공연성을 전파가능성의 기준으로 하는데 명예훼손을 당한 명예훼손 적 내용이 다수의 사람들에게 전파될 가능성이 있느냐에 중점을 두고 있습니다.

명예훼손 적 내용이 '전파가능성'이 있다면 '공연성'이 인정되고 전파가능성이 없다면 공연성은 부정된다는 뜻입니다.

특정의 한 사람에 대하여 어떤 사실을 이야기하였어도 이로부터 불특정 또는 다수인에게 명예훼손 적 내용이 전파될 가능성이 있다면 공연성의 요건을 충족하는 것이나 이와 달리 전파될 가능성이 없다면 공연성이 없는 것으로 판단합니다.

형법 제307조 명예훼손죄의 법 정의에도 나와 있듯이 '공연히' 사람의 명예를 훼손한 자라 함은 다수인 혹은 불특정 인이 견문할 수 있는 상황에서 사람의 사회적 가치 내지 평가를 떨어뜨리기 충분한 사실을 적시한 자를 말하고 그 다수인의 자격에 일정한 제한이 있는 경우에도 그 행위는 공연성이 있습니다.

공연성은 목격한 제3자가 피해자와 어떤 관계에 있는지에 따라 성립여부가 결정되며 그 제3자는 친구, 지인, 모르는 타인으로 나눌 수 있는데 친구와 지인은 특정한 제3자이고, 모르는 타인은 불특정한 제3자입니다. 대법원은 제3자가 특정한 경우 그 숫자가 다수일 경우에만 공연성을 인정하고 제3자가 불특정한 경우 그 숫자가 소수이더라도 공연성을 인정하고 있으므로 말하자면 친구나 지인은 특정한 제3자이므로 그 숫자가 다수인 경우에만 공연성이 인정되므로 모르는 타인은 불특정 제3자이므로 그 숫자가 소수일 경우에도 공연성이 인정됩니다.

나. 사실의 적시

명예훼손이 성립하려면 사실의 적시가 있어야 하는데, 이는 현재의 사실이든 과거의 사실이든 불문하며, 공지의 사실이든 비공지의 사실이든 관계없고, 허위의 사실을 적시하면 가중처벌 되지만 진실한 사실을 적시하여도 명예훼손은 성립 가능합니다. '적시된 사실은 이로써 특정인의 사회적 가치 내지 평가가 침해될 가능성이 있을 정도로 구체성을 띠어야' 합니다.

판례에 의하면 명예는 인격, 기술, 능력, 건강, 신분 등 사회생활에서 존중되어야 할 모든 가치를 의미하고, 명예훼손죄에 의해 보호되는 명예를 '사람의 인격적 가치와 그의 도덕적·사회적 행위에 대한 사회적 평가' 즉 외적 명예로 해석하고 있습니다.

사실적시의 대상이 되는 '사실'의 내용은 사람의 외부적 명예를 훼손하는 것이므로 적시될 사실은 사람의 사회적 가치 내지 평가를 저하시키는데 적합한 것이어야 합니다.

예를 들어 널리 사회적 가치를 해할 만한 사실이면 되는데, 여기의 사회적 가치에는 인격·기술·지능·학력·경력은 물론 건강·신분·가문 등 사회생활에서 존중되어야 할 모든 가치가 포함되지만 경제적 가치를 저하시키는 것은 형법에서 신용훼손죄를 구성하며, 적시될 사실은 반드시 숨겨진 사실일 것을 요하지 아니하며 이미 알려진 사실이거나 듣는 사람이 알고 있는 사실을 적시하는 경우도 포함되며, 스스로 실험한 사실이건 타인으로부터 듣게 된 사실이건 불문합니다.

명예훼손죄가 요구하는 구체성은 표현된 내용 중에서 시간, 장소 등이 반드시 특정될 필요는 없지만, 현재 또는 과거의 사건이나 상황에 관하여 감지할 수 있을 정도로 구체적이어야 한다는 것을 의미합니다.

따라서 임시적인 표현이라도 특정인의 가치 내지 평가가 침해될 가능성이 있을 정도의 '구체성'이 있으면 명예훼손죄의 '사실의 적시'에 해당합니다.

사실은 '사람의 오관의 작용에 의하여 현실적으로 발생하고 증명할 수 있는 과거와 현재의 구체적인 사건이나 상태'를 의미하므로, 사실을 적시하는 행위는 우리의 현실을 둘러싸고 있는 체계에 관한 정보를 전달해 주는 것이라 할 수 있습니다.

이와 같은 사실의 체계는 원칙적으로 모든 사람에게 동일하게 인식될 수 있기 때문에 그에 대해서는 증명이 가능하며, 따라서 사실은 객관적으로 진실 또는 허위인데 동시에 양립은 불가능합니다.

다. 허위사실의 적시

형법 제307조 제2항 허위사실의 적시에 의한 명예훼손죄가 성립하기 위해서는 범인(피고소인)이 공연히 사실의 적시를 하여야 하고, 그 적시한 사실이 사람의 사회적 평가를 저하시키는 것으로서 허위이어야 하며, 범인(피의자)이 그와 같은 사실이 허위라고 인식하였어야 성립합니다.

대법원은 위와 같이 중요한 부분이 객관적 사실과 합치되는 경우에는 세부에 있어서 진실과 약간 차이가 나거나 다소 과장된 표현이 있다 하더라도 이를 '허위사실의 적시'라고 볼 수 없다고 판시하고 있습니다.

허위사실의 적시가 인정되는 경우는 적시된 사실과 실제 사실이 중요한 부분에서 일치하지 않는 경우들입니다.

명예훼손죄가 성립하기 위해서는 '허위사실의 적시'뿐만 아니라 적시된 그 허위사실이 피해자의 명예를 훼손할 수 있을 만한 내용이어야 허위사실의 적시에 의한 명예훼손죄가 성립합니다.

허위사실의 적시에 의한 명예훼손죄에 있어서 예를 들자면 첩이라니 애첩이라는 표현은 우리 사회의 일반 관념상 부도덕한 성적관계를 암시하는 단어이므로 피해자가 부첩관계에 해당한다고 볼 만한 직접적인 증거가 없는 상황에서 범인(피의자)이 위와 같은 발언을 반복하는 것은 (1)그 발언의 경위나 횟수, (2)그 표현의 구체적 빙식과 정도 및 맥락, (3)범인이 의사를 전달하기 위하여 반드시 위와 같은 어휘를 선택할 필요성이 없는 점 등을 고려해 볼 때 정당한 비판의 범위를 크게 벗어나 피해자의 부정한 성적 관계를 암시함으로써 사회적 가치 내지 평가를 저하시키는 '허위사실의 적시' 라고 할 것이므로 허위사실의 적시에 의한 명예훼손죄가 성립합니다.

허위 사실의 적시가 인정되는 경우는 적시된 사실과 실제 사실이 중요한 부분에서 일치하지 않는 경우들입니다. 예를 들어 자신의 전처와 처제를 성적으로 문란한 사람으로 몰아가기 위해서 존재하지도 않는 사실(남자관계 등)을 마치 있었던 일처럼 기재한 전단지를 배포한 경우 해당 적시 내용이 허위라고 판단하는 데에는 어려움이 없습니다.

부도덕한 성적 관계를 암시하는 단어는 부도덕한 성적 관계에 해당한다고 볼 만한 직접 적인 증거가 없는 상황에서 반드시 이러한 어휘를 선택할 필요성이 없는 점을 고려해 볼 때 정당한 비판의 범위를 벗어나 부정한 성적 관계를 암시함으로써 피해자의 사회적 가치 내지 평가를 저하시키는 허위사실의 적시라고 할 수 있습니다.

라. 명예훼손 적 고의

명예훼손 적'고의'에 관해서 대법원은 '적어도 미필적 고의가 필요하므로 전파가능성에 관한 인식이 있음은 물론 나아가 그 위험을 용인하는 내심의 의사가 있어야 하고, 그 행위자가 전파가능성을 용인하고 있었는지의 여부는 외부에 나타난 행위의 형태와 행위의 상황 등 구체적인 사정을 기초로 하여 일반인이라면 그 전파가능성을 어떻게 평가할 것인가를 고려하면서 행위자의 입장에서 그 심리상태를 추인하여야 한다' 라고 설시하고 있습니다.

명예훼손 적 고의에 관해 판단하기 위해서는 발언 또는 행위의 목적이 중요하게 고려되어야 하는 것입니다.

제3절

(1) 사이버 명예훼손

정보통신기술의 발달로 인하여 각 가정에도 대부분 1대 이상의 컴퓨터나 노트북 등을 보유하고 있으며 국민 대부분이 휴대전화와 휴대정보단말기의 장점을 결합한 소위 스마트폰(smartphone)을 사용하고 있습니다.

하물며 이제 막 3세에 불과한 영아도 스마트폰을 능수능란하게 사용하고 있는 상황으로, 전 국민이 매일 인터넷에 접속하고 있다고 해도 과언이 아닙니다. 우리나라 한 가구의 인터넷 접속률은 99.5%(유무선 포함)로 가장 높게 나타났습니다. 문제는 인터넷 접속률이 높은 만큼 사이버상의 범죄가 많이 일어나고 있으며, 그 중에서도 현대사회에서의 명예훼손죄 또한 주로 사이버 공간에서 발생하고 있다는 것입니다.

누구든지 손가락 몇 번 만 간단히 움직이면 컴퓨터나 스마트폰으로 인터넷에서 글을 표현하고 볼 수 있는 시대입니다. 더불어 인터넷 접속률 높은 만큼 인터넷의 글의 파급력이 큰 우리나라에서 표현의 자유가 침해될 수 있음과 누군가의 명예가 훼손 될 수 있다는 중요한 문제입니다.

인터넷이라는 가상공간을 통한 사이버명예훼손이 갈수록 극심해지고 폭발적으로 증가해가고 있습니다. 인터넷 접근성이 높아지면서 온라인에 다양한 의견을 표출하는 방법과 기회가 늘어나고 있습니다. 그와 비례하여 사이버 상 명예훼손 게시 글에 대한 고소건수도 점점 많아지고 있습니다.

사이버 명예훼손사건은 대부분 인터넷에서 일어나기 때문에 피해자가 게시자의 인적사항을 알 수 없어서 특정되지 않기 때문에 이를 추적하기 위해 사법경찰관이 압수수색 영장을 발부받아 인적사항을 확보하여야 하는 절차를 거쳐야 하므로, 한 사건 당 소요되는 수사비용이 상당히 많이 들어갑니다.

피해자의 사회적 가치나 평가를 침해했을 때라야 사이버 명예훼손죄 성립합니다. 사이버 명예훼손은 보이지 않는 사이버 공간에서 이루어지다 보니 별로 죄의식도 느끼지 못한 채 개인적 생각이나 기분을 여과 없이 표출해 저질러지는 경우가 대부분입니다.

사이버 명예훼손은 지나가는 말로 한마디 툭 던졌다가 범법행위로 처벌받는 일도 있습니다. 별생각 없이 몇 자 끼적였다가 무거운 처벌을 받을 수 있는 게 사이버명예훼손입니다. SNS 게시물과 댓글 등을 통해 빠르게 전파되고 그 파괴력이 큰 데 반해 피해 복구가 어려워 형법상 명예훼손의 두 배이상 무거운 처벌을 받게 돼 있습니다.

사이버명예훼손은 정보통신망 이용촉진 및 정보보호 등에 관한 법률 제70조 제1항 사실을 적시(드러내어)하든, 같은 제2항 허위사실을 적시(드러내어)하든 이를 통해 타인의 명예를 훼손시켰다면 모두 처벌을 받도록 돼 있습니다.

사이버 명예훼손죄는 이해하기 쉽게 설명을 드리자면 이용매체에 따라 나눠집니다. (1)인터넷 (2)컴퓨터 (3)스마트폰 등 정보통신매체를 이용해 명예훼손이 이루어진 사이버명예훼손은 정보통신망 이용촉진 및 정보보호 등에 관한 법률 제70조 명예훼손죄를 그 외 말이나 종이 등에 기재하는 방식으로 명예훼손이 이루어진 경우는 형법 제307조 명예훼손죄가 적용합니다.

사람을 비방할 목적으로 정보통신망을 통해 공공연하게 사실이나 거짓의 사실을 드러내 타인의 명예를 훼손한 사람에게는 사이버 명예훼손죄가 적용됩니다.

내용 중에서 특별히 '비방할 목적으로' 행한다는 것과 '정보통신망을 통해 명예훼손이 이루어진다.' 는 두 가지가 형법상 명예훼손과 다릅니다.

사이버명예훼손이 성립하려면 우선 명예훼손의 대상이 특정되어야 합니다. 명예훼손은 공연히 사실 또는 허위사실을 적시하여 "사람"의 "명예"를 훼손함으로써 성립합니다. 여기서 "명예"란 사람의 인격적 가치에 대한 사회일반의 평가라고 해석되고, "사람"이란 자연인과 법인을 의미하는데, 실무상 주로 논란이 되는 것은 사람이 집합명칭 등을 사용한 경우에 구체적으로 대상이 특정되었는지 여부가 됩니다.

일반적으로는 ① 집합명칭을 사용하여 집단에 속하는 모든 구성원의 명예를 침해하는 경우(예컨대, 부산 해운대구청 공무원이나 대구 동산병원의 모든 의사라는 명칭)에는 집단 구성원이 타인과 명백히 구별될 정도로 집합명칭이 특정되어야 하고, ② 구성원의 일부를 지적하였으나 그것이 누구인지 명백하지 않아서 구성원 모두가 혐의를 받는 경우(경기도 의회 의원이나 서울대병원 소속 의사라는 명칭)에는 대상자의 수와 규모 및 집단의 크기 등을 고려해 구성원이 쉽게 특정될 수 있어야 합니다.

제4절

(1) 처벌 규정

가. 사실을 드러내어 사이버명예훼손

정보통신망 이용촉진 및 정보보호 등에 관한 법률 제70조 제1항 명예훼손죄 사람을 비방할 목적으로 정보통신망을 통하여 공공연하게 사실을 드러내어 다른 사람의 명예를 훼손한 자는 3년 이하의 징역이나 금고 또는 3,000만 원 이하의 벌금에 처하는 범죄입니다.

나. 거짓의 사실을 드러내어 사이버명예훼손

정보통신망 이용촉진 및 정보보호 등에 관한 법률 제70조 제2항 명예훼손죄 사람을 비방할 목적으로 정보통신망을 통하여 공공연하게 거짓의 사실을 드러내어 다른 사람의 명예를 훼손한 자는 7년 이하의 징역, 10년 이하의 자격정지 또는 5,000만 원 이하의 벌금에 처하는 범죄입니다.

(2) 성립요건

사이버명예훼손죄가 성립하기 위해서는 기본적으로 객관적 구성요건요소인 첫째,'공연성'이 인정되어야 하고, 둘째,'사실을 드러내어 또는 거짓의 사실을 드러내어'가 있어야 하고, 셋째,'사람을 비방할 목적'이라는 초과주관적인 요소가 인정되어야 명예훼손죄가 성립합니다.

형법 제307조 제1항 사실적시에 의한 명예훼손, 그리고 정보통신망 이용촉진 및 정보보호 등에 관한 법률 제70조 제1항 사실을 드러내어 명예훼손의 행위가 진실한 사실로서 오로지 공공의 이익에 관한 때에는 형법 제310조에 의한 위법성이 조각되어 벌하지 않습니다.

위법성이 조각되려면 적시한 사실은 진실한 사실이어야 성립합니다.

형법 제310조 위법성조각사유는"제307조 제1항 사실적시에 의한 명예훼손 그리고 정보통신망 이용촉진 및 정보보호 등에 관한 법률 제70조 제1항 사실을 드러내어 명예훼손의 행위가 진실한 사실로서 오로지 공공의 이익에 관한 때에는 처벌하지 아니 한다"고 규정하고 있으므로, 공연히 사실을 적시하여 사람의 명예를 훼손하였다고 하더라도, 그 사실이 공공의 이익에 관한 것으로서 공공의 이익을 위할 목적으로 그 사실을 적시한 경우에는, 그 사실이 진실한 것임이 증명되면 위법성이 조각되어 그 행위를 처벌하지 아니하는 것인바, 위와 같은 형법의 규정은 인격권으로서의 개인의 명예의 보호와 헌법 제21조에 의한 정당한 표현의 자유의 보장이라는 상충되는 두 법익의 조화를 꾀한 것이라고 보아야 할 것이므로, 이들 두 법익간의 조화와 균형을 고려한다면, 적시된 사실이 진실한 것이라는 증명이 없더라도 행위자가 그 사실을 진실한 것으로 믿었고 또 그렇게 믿을 만한 상당한 이유가 있는 경우에는 위법성이 없다고 보아야 합니다.

그리고 이 경우에 적시된 사실이 공공의 이익에 관한 것인지의 여부는 그 사실 자체의 내용과 성질에 비추어 객관적으로 판단하여야 할 것이고, 행위자의 주요한 목적이 공공의 이익을 위한 것이라면 부수적으로 다른 사익적인 동기가 내포되어 있었다고 하더라도 형법 제310조 위법성조각사유의 적용을 배제할 수는 없습니다.

위법성조각사유는 형법 제307조 명예훼손죄 제1항 그리고 정보통신망 이용촉진 및 정보보호 등에 관한 법률 제70조 제1항 사실을 드러내어 명예훼손의 행위가 진실한 사실로서 오로지 공공의 이익에 관한 때에는 처벌하지 않으며, 해당 위법성조각사유는 허위사실의 적시에 의한 명예훼손에는 적용되지 않고, 대법원은 '적어도 행위자가 그 사실을 진실한 것으로 믿었고 또 그렇게 믿을 만한 상당한 이유가 있어야 할 것이며, 그것이 진실한 사실로서 오로지 공공의 이익에 관한 때에 해당된다는 점은 행위자가 증명하여야 한다.' 라고 밝히고 있습니다.

위법성조각사유가 성립되기 위해서는 적시된 사실의'진실성'과 사실적시 목적의 '공익성' 이 충족되어야 합니다.

허위사실 적시를 대상으로 하는 형법 제307조 제2항 허위사실 적시의 명예훼손죄, 정보통신망 이용촉진 및 정보보호 등에 관한 법률 제70조 제2항 거짓의 사실을 드러내어 명예훼손죄에 대해서는 형법 제310조 위법성조각사유는 적용되지 않습니다.

가. 공연성 '공공연하게'

"전파가능성만 있어도 공연성은 인정됩니다"

"공연성"공공연하게는 사실을 적시(드러내어)하여야 명예훼손이 성립할 수 있는데,"공연성"이란 불특정 또는 다수인이 인식할 수 있는 상태를 의미하고, 판례는 특정된 사람을 상대로 사실을 적시(드러내어)하여도 그 사람이 불특정 또는 다수인에게 그 말을 전파할 수 있으면 공연성을 인정하여 실무상 공연성은 널리 인정되므로(이른바"전파가능성설"), 사이버명예훼손의 경우에도 공연성(공공연하게)이 부정되는 사례는 거의 없습니다.

다만, 판례는 기자를 통해 사실을 적시하는 경우에는 아직 기사화하여 보도하지 아니한 경우에는'전파가능성'이 없다고 하여, 예외적으로 아직 기자의 경우에는 공연성을 엄격하게 적용하고 있습니다.

사이버명예훼손의 성립요건인'공연성'은 불특정 또는 다수인이 인식할 수 있는 상태를 말하고, 비록 개별적으로 한 사람에게 그 사실을 유포하였다고 하더라도 그로부터 불특정 또는 다수인에게 전파될 가능성이 있다면 공연성의 요건을 충족하지만, 반대로 전파될 가능성이 없다면 특정한 한 사람에게 한 사실의 유포는 공연성이 없다고 판시하고 있습니다.

불특정인은 행위자의 행위 시에 그 상대방이 누구인가가 구체적으로 특정되어 있지 않다는 의미가 아니라 상대방이 어떤 특수한 관계에 의하여 한정된 사람일 필요는 없다는 의미입니다.

통행인이나 광장에 집합한 군중과 같이 행위자의 가족관계, 친구관계, 사교관계 등과 같은 긴밀한 관계가 없는 사람들이라 하더라도 행위의 상대방에 해당함을 의미합니다.

다수인은 숫자에 의하여 몇 명 이상이라고 한정할 수는 없으나, 개인적으로 명예훼손죄에 있어서 행위 상대방의 규모는 그러한 사실을 적시함으로써 어떤 사람의 사회적 평가를 해할 위험이 있다고 판단할 수 있을 정도이어야 할 것이므로 사회적 평가인 명예가 훼손되었다고 평가될 수 있을 정도의 다수의 사람이어야 됩니다.

사이버명예훼손죄는 사람의 사회적 가치 내지 평판을 저하시키는 결과를 염

두에 두고 있으므로 명예를 훼손할 만한 사실이 결국 불특정인 또는 다수인에게 전파될 가능성이 있다면 '공연성'을 인정할 수 있습니다.

대법원은 중요한 판결에서 '비밀이 잘 보장되어 외부에 전파될 염려가 없는 경우가 아니면 비록 개별적으로 한 사람에 대하여 사실을 드러내었더라도 연속하여 수인에게 사실을 유포하여 그 유포한 사실이 외부에 전파될 가능성이 있는 이상 공연성이 있다 할 것이다.'라고 설시한 이후 일관되게 사실을 드러내어 '전파가능성'을 기준으로 그 적시(드러내어) 행위가 공연성을 가지는지 여부를 판단하고 있습니다.

나. 사실을 드러내어

사이버명예훼손이 성립하기 위해서는'사실을 드러내어'가 있어야 하는데 '적시(드러내어)된 사실은 이로써 특정인의 사회적 가치 내지 평가가 침해될 가능성이 있을 정도로 구체성을 띠어야' 성립합니다.

구체적인 사실의 적시(드러내어)는 사이버명예훼손죄와 모욕죄를 구별하는 기준이 됩니다. 구체적 사실이 아닌 단순한 추상적 판단이나 경멸적 감정의 표현은 모욕일 수는 있어도 사이버명예훼손이라고 할 수 없습니다.

판례에 의하면 명예는 인격, 기술, 능력, 건강, 신분 등 사회생활에서 존중되어야 할 모든 가치를 의미하고, 명예훼손죄에 의해 보호되는 명예를 '사람의 인격적 가치와 그의 도덕적·사회적 행위에 대한 사회적 평가' 즉 외적 명예로 해석하고 있습니다.

그러므로 사이버명예훼손이 성립하기 위해서는 사실을 적시(드러내어)해야 합니다.

말하자면 어떠한 사람이 전시회나 공연 등에 대하여 자신의 느낀 바를 말하는 경우에는 사실을 적시하는 것이 아닌 행위자 개인의 주관적인 평가나 가치판단이므로 그것이 그 사람의 사회적인 평가를 저해하는 결과가 발생한다 하더라도 명예훼손죄가 성립하지 않습니다.

사이버명예훼손에 대한 판례에 의하면 '사실을 드러내어'는 '가치판단이나 평가를 내용으로 하는 의견표현'에 대치되는 개념입니다. 따라서 적시의 대상인 '사실'의 의미를 명확하게 하고, '사실을 드러내어'와 '가치판단' 또는 '의견 표현'을 구별할 필요성이 있습니다.

사실을 드러내어 대상이 되는 '사실'의 내용은 사람의 외부적 명예를 훼손하는 것이므로 드러낼 사실은 사람의 사회적 가치 내지 평가를 저하시키는데 적합한 것이어야 합니다.

사이버명예훼손이 성립하려면 사실을 드러내어야 하는데, 이는 현재의 사실이든 과거의 사실이든 불문하며, 공지의 사실이든 비공지의 사실이든 관계없고, 허위의 사실을 적시하면 가중처벌 되지만 진실한 사실을 적시하여도 명예훼손은 성립 가능합니다. 예를 들어 널리 사회적 가치를 해할 만한 사실이면 되는데, 여기의 사회적 가치에는 인격·기술·지능·학력·경력은 물론 건강·신분·가문 등 사회생활에서 존중되어야 할 모든 가치가 포함되지만 적시될 사실은 반드시 숨겨진 사실일 것을 요하지 아니하며 이미 알려진 사실이거나 듣는 사람이 알고 있는 사실을 드러내는 경우도 포함되며, 스스로 실험한 사실이건 타인으로부터 듣게 된 사실이건 불문하고 성립합니다.

다. 거짓의 사실을 드러내어

정보통신망 이용촉진 및 정보보호 등에 관한 법률 제70조 제2항 거짓의 사실을 드러내어 사이버명예훼손이 성립하기 위해서는 범인이 공공연하게 사실을 드러내어야 하고, 그 드러낸 사실이 사람의 사회적 평가를 저하시키는 것으로서 거짓이어야 하며, 범인이 그와 같은 사실이 거짓이라고 인식하였어야 성립합니다.

대법원은 중요한 부분이 객관적 사실과 합치되는 경우에는 세부에 있어서 진실과 약간 차이가 나거나 다소 과장된 표현이 있다 하더라도 이를 '거짓의 사실을 드러내어' 사이버명예훼손이라고 볼 수 없다고 판시하고 있습니다.

위와 같이 알 수 있듯이 법원은 드러낸 허위성을 아주 좁게 인정하고 있는 것으로 보여 집니다.

만약 드러낸 사실의 사소한 부분까지도 진실과 일치하는 경우에만 허위성이 부정된다면 우리의 발언은 대부분 허위로 판단될 것입니다.

거짓의 사실을 드러내어가 인정되는 경우는 드러낸 사실과 실제 사실이 중요한 부분에서 일치하지 않는 경우들입니다.

예들 들어 피의자가 피해자를 성적으로 문란한 사람으로 몰아가기 위해서 존재하지 않는 남자관계 등을 마치 있었던 일처럼 전단지를 배포하고, 아파트 내 단체 카톡 대화방에 게재한 경우 해당 거짓의 사실을 드러낸 내용이 거짓이라고 판단하는 데에는 어려움이 없으므로 거짓의 사실을 드러내어에 의한 사이버명예훼손이 성립합니다.

명예훼손이 성립하기 위해서는'거짓의 사실을 드러내어'뿐만 아니라 드러낸 그 거짓이 피해자의 명예를 훼손할 수 있을 만한 내용이어야 거짓의 사실을 드러내어에 의한 사이버명예훼손죄가 성립합니다.

거짓의 사실을 드러내어에 의한 사이버명예훼손에 있어서 애첩이라는 표현은 우리 사회의 일반 관념상 부도덕한 성적 관계를 암시하는 단어이므로 피해자가 부첩관계에 해당한다고 볼 만한 직접적인 증거가 없는 상황에서 피고소인이 위와 같은 발언을 반복하는 것은 (1)그 발언의 경위나 횟수, (2)그 표현의 구체적 빙식과 정도 및 맥락, (3)범인이 의사를 전달하기 위하여 반드시 위와 같은 어휘를 선택할 필요성이 없는 점 등을 고려해 볼 때 정당한 비판의 범위를 크게 벗어나 피해자의 부정한 성적 관계를 암시함으로써 사회적 가치 내지 평가를 저하시키는 '거짓의 사실을 드러내어 명예훼손' 이라고 할 것이므로 거짓의 사실을 드러내어에 의한 사이버명예훼손이 성립합니다.

거짓의 사실을 드러내어 명예훼손이 인정되는 경우는 드러낸 사실과 실제 사실이 중요한 부분에서 일치하지 않는 경우들입니다. 예를 들어 자신의 전처와 처제를 성적으로 문란한 사람으로 몰아가기 위해서 존재하지도 않는 사실을 마치 있었던 일처럼 인터넷 게시판에 게재한 것은 그러낸 내용이 거짓이라고 판단하는 데에는 어려움이 없습니다.

부도덕한 성적 관계를 암시하는 단어는 부도덕한 성적 관계에 해당한다고 볼 만한 직접 적인 증거가 없는 상황에서 반드시 이러한 어휘를 선택할 필요성이 없는 점을 고려해 볼 때 정당한 비판의 범위를 벗어나 부정한 성적 관계를 암시함으로써 피해자의 사회적 가치 내지 평가를 저하시키는 거짓의 사실을 드러내어라고 할 수 있습니다.

거짓의 사실을 드러내어에 의한 사이버명예훼손이 성립하려면 피해자가 특정된 거짓의 사실을 드러내어야 하고, 반드시 사람의 성명을 명시하여 거짓의 사실을 드러내어야만 하는 것은 아니므로 사람의 성명을 명시한 바 없는 거짓의 사실을 드러낸 그 표현의 내용을 주위사정과 종합 판단하여 그것이 특정인을 지목하는 것인가를 알아차릴 수 있는 경우에는 그 특정인에 대한 사이버명예훼손이 성립합니다.

라. 비방할 목적

"정보통신망 이용촉진 및 정보보호 등에 관한 법률 제70조 사이버명예훼손으로 가중 처벌되려면 비방의 목적이 있어야"성립합니다.

만약 비방의 목적으로 SNS 등 정보통신망을 이용하여 사실을 적시하여 명예를 훼손하였다면 정보통신망 이용촉진 및 정보보호 등에 관한 법률에 의하여 가중 처벌받게 되는데, 실무상 주로"비방의 목적"이 있었는지 여부가 문제되고 있습니다.

예를 들어 부산에 있는 모 여성이 부산 해운대에 있는 모 성형외과의원에서 수술을 받았는데 심각한 부작용이 생겨 모 성형외과의원을 찾아가 항의하였으나 기다려 보자는 말만 되풀이하여 모 성형외의원이 운영하는 호ㅓㅁ페이지 자유게시판에 다음과 같은 게시 글을 올렸습니다.

(1)모 성형외과의원에서 얼굴 수술을 받았는데 실력도 없고, 시설도 엉망이고 직원들이 너무나 불친절하여 다시는 이런 거지 같은 곳에 가지 않겠다. 는 글을 올렸습니다.

(2)모 성형외과의원에서 수술을 받았는데 직원들이 불친절해서 정말 놀랐다. 얼굴에 수술한 곳에 부작용용이 생긴 탓에 너무나 속상하다. 수술을 하려고 하는 분들이 참고했으면 합니다. 라고 글을 올렸습니다.

위 (1)의 게시 글은 명예훼손 적 비방할 목적이 인정되어 정보통신망 이용촉진 및 정보보호 등에 관한 법률 제70조 사이버명예훼손으로 처벌될 가능성이 높습니다. 한편 위 (2)의 게시 글은 비방의 목적보다는 수기 형태로 제3자의 도움이 되는 공공의 목적이 있어 형법 제310조 위법성이 조각되어 벌하지 않습니다.

위 정보통신망 이용촉진 및 정보보호 등에 관한 법률 위반이 문제된 사안에서, 사법경찰관은 성형수술에 대한 정보를 구하고자 하는 분들의 의사결정에 도움이 되는 정보 및 의견 제공이라는 공공의 이익에 관한 것이라고 봄이 타당하고, 주요한 동기나 목적이 공공의 이익을 위한 것이라면 부수적으로 피해자가 부작용으로 인한 수술비 환불과 같은 다른 사익적 목적이나 동기가 내포되어 있다는 사정만으로 비방할 목적이 있었다고 보기 어렵다는 이유로 불송치 결정을 한 사례였습니다.

나아가 그 드러낸 사실이 이러한 공공의 이익에 관한 것인지는 그 표현이 객관적으로 국민이 알아야 할 공공성·사회성을 갖춘 공적 관심 사안에 관한 것으로 사회의 여론 형성이나 공개토론에 기여하는 것인지 아니면 순수한 사적인 영역에 속하는 것인지 여부, 피해자가 그와 같은 명예훼손 적 표현의 위험을 자초한 것인지 여부, 그리고 그 표현으로 훼손되는 명예의 성격과 그 침해의 정도, 그 표현의 방법과 동기 등 제반 사정을 고려하여 판단하여야 하고, 행위자의 주요한 동기나 목적이 공공의 이익을 위한 것이라면 부수적으로 다른 사익 적 목적이나 동기가 내포되어 있더라도 비방할 목적이 있다고 보기는 어렵기 때문에 위법성이 조각되어 처벌할 수 없습니다.

제2장. 명예훼손 고소장 최신서식

【고소장(1)】 사이버 명예훼손 거짓의 사실을 드러내어 고소인의 명예를 훼손하여 엄벌에 처해 달라는 고소장

고　　　소　　　장

고　소　인 :　○　　　○　　　○

피　고　소　인 :　○　　　○　　　○

부산시 동래경찰서장 귀중

고 소 장

1. 고소인

성 명	○ ○ ○	주민등록번호	생략
주 소	부산시 ○○구 ○○로 ○○, ○○○-○○○○호		
직 업	개인사업	사무실 주 소	생략
전 화	(휴대폰) 010 - 4456 - 0000		
대리인에 의한 고 소	□ 법정대리인 (성명 : , 연락처) □ 소송대리인 (성명 : 변호사, 연락처)		

2. 피고소인

성 명	네이버에서 사용하는 이이디 aassy		
주 소	무지		
직 업	무지	사무실 주 소	무지
전 화	(휴대폰) 010 - 3433 - 0000		
기타사항	고소인과의 관계 - 친·인척관계 없습니다.		

3. 고소취지

고소인은 피고소인을 1.정보통신망 이용촉진 및 정보보호 등에 관한 법률 제70조 제2항(명예훼손) 2.형법 제307조(명예훼손) 제2항 등의 혐의로 고소하오니 피고소인을 철저히 수사하여 법에 준엄함을 깨달을 수 있도록 엄벌에 처하여 주시기 바랍니다.

4. 범죄사실

(1) 적용법조

① 정보통신망 이용촉진 및 정보보호 등에 관한 법률 제70조(명예훼손) 제2항

사람을 비방할 목적으로 정보통신망을 통하여 공공연하게 거짓의 사실을 드러내어 다른 사람의 명예를 훼손한 자는 7년 이하의 징역, 10년 이하의 자격정지 또는 5,000만 원 이하의 벌금에 처하도록 돼 있습니다.

② 형법 제307조 제2항 (명예훼손)

공연히 허위의 사실을 적시하여 사람의 명예를 훼손한 자는 5년 이하의 징역, 10년 이하의 자격정지 또는 1,000만 원 이하의 벌금에 처하도록 돼 있습니다.

(2) 당사자관계

가. 고소인은 인터넷 포털사이트 네이버의 카페서비스를 이용하여, ○○○와 그 가족들이 정보를 교류하는 커뮤니티"○○○○"(이하 영문으로는 caf.naver.com/○○○라고 합니다.)"의 운영자로서 닉네임(이하 앞으로는 "○○○"라고만 줄여 쓰겠습니다.)를 사용하는 사람입니다.

나. 피고소인은 고소인이 운영하고 있는 위"○○○"에 회원으로 등록한 후 ID는"○○○"을 사용하는 이름은 ○○○ 이라는 사람입니다.

(3) 허위사실유포

피고소인은 ○○○○. ○○. ○○. 오후 ○○:○○분 "○○○" 인터넷 카페 자유 게시판에 자신의 닉네임(○○○ : ○○○)으로 ○○○(고소인의 닉네임)은 "○ ○○들의 희망인가?.", "장사꾼인가?"라는 제목을 포함된 댓글을 올린데 이어 확인되지 않은 각종 허위사실을 악의적인 의도로 반복하여 게시함으로서 고 소인의 명예를 심각하게 훼손시킨 사실이 있습니다.

그 악의적인 허위사실유포의 주요골자는 아래와 같습니다.

지난번 회원 강제 퇴출과 관련 본인의 글이 카페에 게시된 후, 본인과 ○○ ○과의 대립각이 형성되니(카페게시 글) 많은 회원께서 저에게 응원의 메시 지 및 쪽지를 보내왔습니다.

그중에 몇 몇 분들께서 ○○○카페와, ○○○에 대한 제보가 있었으며, 개중 에는 상당히 신뢰할 수 있는 부분이 있고 본인도 전부터 의구심을 가지고 있 었던바,

① 카페 수익금에 대한 의혹제기

카페 바자회 수익금과, 기부금과 기부금 등, 적지 않은 수입이 있었음에도 불구하고, 현 집행부는 수입, 지출에 관련하여, 정확하게 회원들에게 공개 한바가 없습니다.

② 바자회물품 판매회사와, ○○○이 운영하는 회사와의 관계

○ 카페 바자회물품을 구매하게 되면 ○○○○이라는 회사에서 물품을 배 송합니다. ○○는 카페지기 ○○○의 친구인 차○○라는 분이 운영하는 회사라고 합니다. ○○○에서 ○○○○이라는 건강보조식품을 판매하는 사이트를 운영하고, 비타민 맥주효모, 유산균등 카페바자회에서 판매하 는 물품을 판매하는 사이트인 것 같습니다.

○ ○○○에서 운영하는 ○○○○이라는 사이트는 카페지기 ○○○(최○중) 이 운영하는 ○○○라는 회사에서 ○○○ 및 운영관리를 한다고 ○○○ 홈페이지에 명시되어 있습니다.

○ 이는 ○○○이 카페 내에서 회원들을 위한 바자회를 하는 것인지 원래

건강보조식품 판매하는 사람인지 의혹을 갖게 됩니다.

③ 주식회사 ○○의 설립배경에 대한 의혹제기

　　○ 설립 시 출자금 중 대주주인 ○○의 소유 50%(5,000만원) 지분은 아○
　　　○○바자회 수익금과 기부금으로 출자한 것으로 추정됩니다.

　　○ 영리를 목적으로 하는 주식회사에 투자가 되었는지, 왜 비영리 사단법
　　　인이 아닌 개인적인 영리가 목적인 주식회사가 설립되었는지 이는 정
　　　확하고 확실한 근거 있는 사유가 공개되어야 할 것입니다.

④ ○○○클럽하우스 설립의 의혹제기

　　이하 생략하겠습니다.

⑤ 카페 내 바자회물품 ○○부분

　　이하 생략하겠습니다.

(4) 피고소인의 고의

가. 피고소인은 ○○○○. ○○. ○○. 오후 ○○:○○분"○○○"인터넷 카페
자유게시판에 자신의 닉네임(○○○ : ○○○)으로 ○○○(고소인의 닉네
임)은"○○○들의 희망인가?.","장사꾼인가?"라는 제목으로 고소인을 비방
하는 허위사실을 적시하면서 그 첫머리에"지난번 회원 강제 퇴출과 관련
본인의 글이 카페에 게시된 후, 본인과 ○○○과의 대립각이 형성되니"와
같이 피고소인과 아래의 회원 강퇴된 사람들은 지인들입니다.

나. 피고소인의 지인인 고소 외 ○○○(닉네임 : ○○○○)은 아내의 출산 일
주일 전인 ○○○○. ○○. ○○. ○○시내 모처에서 성매매를 하고 성관
계 영상을 녹화하여, ○○○○. ○○. ○○. 경상남도 ○○시에 소재한"○
○○"클럽하우스(쉼터라고 소개하겠습니다)에서 회원들에게 그 영상을 보
여주는 등 그 품행에 문제가 있는 것으로 판단되어"○○○ 회칙"음란한
내용의 문서, 사진 등을 웹페이지에 게시하거나, 다른 통신수단을 이용하
여 배포하는 경우'오프라인 모임에서 이성간의 과다한 신체접촉 음담패설
등으로 상대방과 제3자에게 불쾌감을 주는 경우'에 해당하여 고소인이 강

제로 퇴출 처리하였습니다.

피고소인의 지인들인 고소 외 ○○○(닉네임 : ○○) 동 ○○○(닉네임 : ○○○) 소위 말하는‘○○’라는 상세불명의 약초를 달여, 파우치형태의 제품을 허가 없이 제조하여 회원들에게 대가를 받고 제공한 사실이 있었고, 고소 외 ○○○의 나체사진을 찍어 여성회원들에게 문자 전송하였고, 여성회원들에게 잦은 성희롱이 있었는가하면 불필요한 스킨십과 음담패설을 하였고, 여성 ○○○들에게 차마 입에 담지 못할 모욕을 하였고,“○○○”에서 오배송한 택배를 임의로 갈취하는 등 횡령하였고, 공금을 유용하였고, 미망인 카페회원에게 금전을 차용한 후, 정해진 날짜에 갚지 않는 등 문제가 발생되어“○○○ 회칙”에 의거하여 강제 퇴출하였습니다.

다. 중요한 것은 고소인을 비롯한“○○○”카페의 운영위원회에서 피고소인이 각종 거짓의 사실을 드러내어 악의적인 의도로 반복하여 게시한데대하여 고소인은 ○○○카페의 거래은행의 입출금내역, 각 거래처별 거래명세서 등의 증빙자료를 첨부하여 피고소인에게 보여주면서 허위사실유포에 대한 책임을 묻겠다고 하자 피고소인은 많은 카페운영위원이 배석한 자리에서 ′나의 목적은 진실을 아는 것이 아니라, 고소인을 깎아내리는 것이 목적이었다.′ 라는 주장을 한 것만 보더라도 피고소인은 의도적으로 고소인의 명예를 훼손하려는 고의가 있었음이 명백한 이상 엄벌에 처하여 주시기 바랍니다.

라. 덧붙여 피고소인은 고소인이 위 피고소인의 지인들에 대하여 민원이 끊이지 않아 정당한 절차에 의한 탈퇴를 처리하자 앙심을 품고 의도적으로 고소인을 비방한 것입니다.

5. 고소이유

이미 고소인으로서는 이로 인한 피해 정도가 심각하여 돌이킬 수 없는 지경에 이르렀으므로 피고소인을 1. 정보통신망 이용촉진 및 정보보호 등에 관한 법률 제70조(명예훼손) 제2항 2. 형법 제307조(명예훼손) 제2항 명예훼손죄로 처벌을 하기 위하여 이 사건 고소에 이른 것입니다.

6. 범죄의 성립근거

가. 피해자의 특정

고소인은 ○○○이라는 카페를 운영하는 카페지기로서 닉네임(○○○)을 사용함으로써 고소인이 어디에서 무엇을 하고 있는 누구인지 알 수 있는 상태였기에 익명성이 보장된 인터넷 공간으로서 피해자인 고소인 본인이 충분히 특정 지어진 상태입니다.

한편, 고소인은 ○○○카페의 운영위원회의 간부들과 피고소인을 만나 ○○○카페의 거래은행의 입출금내역, 각 거래처별 거래명세서 등의 증빙자료를 첨부하여 피고소인에게 보여주면서 허위사실유포에 대한 책임을 묻겠다고 종용한 사실도 있었습니다.

위와 같은 사정을 종합해 볼 때 피고소인의 고소인에 대한"○○○들의 희망인가?.","장사꾼인가?"라는 제목을 포함된 댓글을 올린데 이어 확인되지 않은 각종 허위사실은 하루에도 ○○,○○○여명이 방문하는 ○○○카페회원들이면 누구나 고소인을 비방하는 사실을 쉽게 알아차릴 수 있었기 때문에 피해자가 특정된다고 볼 수 있습니다.

나. 공연성

○○○카페는 현재까지 가입된 회원 수만 해도 무려 ○○,○○○명에 달하고 1일평균 방문하는 회원 수 또한 ○○,○○○명이 넘는 인터넷 커뮤니티로, ○○○들을 위해 정보와 경험을 공유하고, 무료 교육프로그램, 멘토링프로그램을 적극 활용하여 환자를 위로하기 위한 프로그램을 운영하며, 암이라는 갑작스러운 현실을 마주한 절박한 상황의 회원들이 현명한 선택을 할 수 있도록 돕겠다는 취지로 운영되는 곳이기 때문에 ○○○카페회원들 모두가 볼 수 있으므로 공연성이 성립됩니다.

7. 증거자료

□ 고소인은 고소인의 진술 외에 제출할 증거가 없습니다.

■ 고소인은 고소인의 진술 외에 제출할 증거가 있습니다.

☞ 제출할 증거의 세부내역은 별지를 작성하여 첨부합니다.

8. 관련사건의 수사 및 재판여부

① 중복 고소여부	본 고소장과 같은 내용의 고소장을 다른 검찰청 또는 경찰서에 제출하거나 제출하였던 사실이 있습니다 □ / 없습니다 ■
② 관련 형사사건 수사유무	본 고소장에 기재된 범죄사실과 관련된 사건 또는 공범에 대하여 검찰청이나 경찰서에서 수사 중에 있습니다 □ / 수사 중에 있지 않습니다 ■
③ 관련 민사소송 유무	본 고소장에 기재된 범죄사실과 관련된 사건에 대하여 법원에서 민사소송 중에 있습니다 □ / 민사소송 중에 있지 않습니다 ■

9. 기타

본 고소장에 기재한 내용은 고소인이 알고 있는 지식과 경험을 바탕으로 모두 사실대로 작성하였으며, 만일 허위사실을 고소하였을 때에는 형법 제156조 무고죄로 처벌받을 것임을 아울러 서약합니다.

○○○○ 년 ○○ 월 ○○ 일

위 고소인 : ○ ○ ○   (인)

부산시 동래경찰서장 귀중

별지 : 증거자료 세부 목록

　　　(범죄사실 입증을 위해 제출하려는 증거에 대하여 아래 각 증거별로 해당 난을 구체적으로 작성해 주시기 바랍니다)

1. 인적증거

성　명	○ ○ ○	주민등록번호	생략	
주　소	경상남도 ○○시 ○○로 ○○길 ○○○,		직업	회사원
전　화	(휴대폰) 010 - 1234 - 0000			
입증하려는 내　용	위 ○○○은 피고소인의 범행일체에 대하여 소상히 알고 있으므로 이를 입증하고자 합니다.			

2. 증거서류

순번	증　거	작성자	제출 유무	
1	캡처화면	피고소인	■ 접수시 제출	□ 수사 중 제출
2	이메일	고소인	■ 접수시 제출	□ 수사 중 제출
3			□ 접수시 제출	□ 수사 중 제출
4			□ 접수시 제출	□ 수사 중 제출
5			□ 접수시 제출	□ 수사 중 제출

3. 증거물

순번	증　거	소유자	제출 유무	
1	캡처화면	고소인	■ 접수시 제출	□ 수사 중 제출
2			□ 접수시 제출	□ 수사 중 제출
3			□ 접수시 제출	□ 수사 중 제출
4			□ 접수시 제출	□ 수사 중 제출
5			□ 접수시 제출	□ 수사 중 제출

4. 기타증거

　　　추후 필요에 따라 제출하겠습니다.

【고소장(2)】 사이버 명예훼손 인터넷 포털사이트 메인글 비방할 목적으로
댓글 게시글 올려 처벌요구 고소장

고　　　소　　　장

고　소　인 :　○　　　○　　　○

피　고　소　인 :　○　　　○　　　○

경기도 남양주시경찰서장 귀중

고　　소　　장

1. 고소인

성　명	○ ○ ○	주민등록번호	생략
주　소	경기도 남양주시 ○○로 ○○길 ○○, ○○○호		
직　업	회사원	사무실 주　소	생략
전　화	(휴대폰) 010 - 9134 - 0000		
대리인에 의한 고　소	☐ 법정대리인 (성명 :　　　, 　연락처　　　　) ☐ 소송대리인 (성명 : 변호사, 　연락처　　　　)		

2. 피고소인

성　명	○ ○ ○	주민등록번호	생략
주　소	경기도 남양주시 ○○로 ○○길 ○○, ○○호		
직　업	회사원	사무실 주　소	생략
전　화	(휴대폰) 010 - 6654 - 0000		
기타사항	고소인과의 관계 - 친·인척관계 없습니다.		

3. 고소취지

고소인은 피고소인을 정보통신망 이용촉진 및 정보보호 등에 관한 법률 제70
조 제2항(명예훼손) 혐의로 고소하오니 피고소인을 철저히 수사하여 법에 준엄
함을 깨달을 수 있도록 엄벌에 처하여 주시기 바랍니다.

4. 범죄사실

(1) 적용법조

① 정보통신망 이용촉진 및 정보보호 등에 관한 법률 제70조(명예훼손) 제2항
사람을 비방할 목적으로 정보통신망을 통하여 공공연하게 거짓의 사실을
드러내어 다른 사람의 명예를 훼손한 자는 7년 이하의 징역, 10년 이하의
자격정지 또는 5,000만 원 이하의 벌금에 처하도록 돼 있습니다.

(2) 이 사건의 경위

1. 고소인은 ○○○○. ○○. ○○.포털사이트 네이트 자유게시판에 고소인의
사진 및 개인적으로 운영하는 주소가 노출된'○○○'의 글을 올린 사실이
있는데 이 글은 관리자에 의하여 네이트 메인페이지에 노출되었고 그에 대
한 조회 수는 ○○,○○○건에 달하는 기록을 세우는 등 네티즌들로부터
주목을 받게 된 가운데 피고소인이 악의적인 의도로 댓글을 달고 게시물을
여러 차례에 올려 고소인의 명예를 심각하게 훼손시킨 사실이 있습니다.

2. 피고소인은 ○○○○. ○○. ○○. ○○:○○경'○○○○'라는 닉네임으로 고
소인의 글에 ○○○○ 이라는 내용이 포함된 댓글을 올렸고,

3. ○○○○. ○○. ○○. ○○:○○경에는 같은 닉네임으로"□□□"이라는 내
용이 포함된 게시 글을 올린데 이어 확인되지 않은 각종 허위사실과 욕설
을 악의적인 의도로 반복하여 게시함으로서 고소인의 명예를 심각하게 훼
손시킨 사실이 있습니다.

4. 피고소인은 고소인이 운영하고 있는 ○○○의 홈페이지에 접속하여   고소

인이 다른 곳에서 의견을 교환한 사실이 전혀 없음에도 불구하고 말이 다르다는 내용 등으로 계속해서 고소인의 게시물에 댓글 및 게시물을 여러 차례에 올린 사실도 있습니다.

5. 피고소인의 위 댓글 및 게시물은 수많은 네티즌들에게 그 대로 노출되어 논란이 되거나 또 다른 댓글을 유도하는 결과를 초래하기도 하였습니다.

6. 고소인은 피고소인에게 잘못된 댓글과 게시물을 즉시 삭제하고 고소인에게 정중한 사과를 하라고 요구하였음에도 불구하고 피고소인은 위 댓글이나 게시물을 즉시 삭제하지 않고 오히려 다른 사람이 올린 글을 인용한 것에 불과하다며 삭제를 거부하고 있습니다.

7. 이에 고소인이 피고소인에게 가차 없이 형사고소를 하겠다고 하자 피고소인은 현재 자신이 올린 댓글과 게시물을 삭제하거나 내용을 일부 수정한 상태로 있으나 이미 고소인으로서는 이로 인한 피해의 정도가 심각하여 돌이킬 수 없는 지경에 이르렀으므로 피고소인을 정보통신망법 사이버명예훼손죄로 고소에 이른 것입니다.

(3) 피고소인의 고의

가. 피고소인은 고소인이 운영하고 있는 홈페이지로 찾아와 고소인이 다른 곳에 접속하여 의견을 교환한 사실이 전혀 없었음에도 불구하고 말이 다르다는 내용으로 계속해서 고소인의 게시물에 댓글 및 게시물을 여러 차례에 반복해 올린 사실도 있습니다.

나. 피고소인의 위 댓글 및 게시물은 수많은 네티즌들에게 그 대로 노출하게 하였습니다.

다. 고소인은 피고소인에게 잘못된 댓글과 게시물을 즉시 삭제하고 고소인에게 정중한 사과를 요구하였으나 피고소인은 위 댓글이나 게시물을 즉시 삭제하지 않았으므로 전파될 가능성을 알고 있었으므로 고의성이 입증되고도 남습니다.

라. 도리어 다른 사람이 올린 글을 인용한 것에 불과하다며 삭제를 거부하는

것만 보더라도 피고소인은 의도적으로 고소인의 명예를 훼손하거나 비방할 목적이 있었음이 명백한 이상 고의성이 인정됩니다.

5. 고소이유

이미 고소인으로서는 이로 인한 피해 정도가 심각하여 돌이킬 수 없는 지경에 이르렀으므로 피고소인을 정보통신망 이용촉진 및 정보보호 등에 관한 법률 제70조 제2항 명예훼손죄로 처벌을 하기 위하여 이 사건 고소에 이른 것입니다.

6. 범죄의 성립근거

가. 피해자의 특정

고소인은 ○○○○. ○○. ○○.포털사이트 네이트 자유게시판에 고소인의 사진 및 개인적으로 운영하는 주소가 노출된'○○○'의 글을 올린 사실이 있으므로 고소인이 어디에서 무엇을 하고 있는 누구인지 알 수 있는 상태였기에 익명성이 보장된 인터넷 공간으로서 피해자인 고소인 본인이 충분히 특정 지어진 상태입니다.

한편, 누구나 고소인을 비방하는 사실을 쉽게 알아차릴 수 있었기 때문에 피해자가 특정됩니다.

나. 공연성(공공연하게)

○○○○. ○○. ○○.포털사이트 네이트 자유게시판에 고소인의 사진 및 개인적으로 운영하는 주소가 노출된'○○○'의 글을 올린 사실이 있었고, 이 글은 관리자에 의하여 네이트 메인페이지에 노출되었고 그 조회 수는 ○○, ○○○건에 달하는 기록을 세우는 등 네티즌들로부터 주목을 받게 된 가운데 피고소인이 악의적 의도로 댓글을 달고 게시물을 여러 차례에 올렸으므로 모두가 볼 수 있어 공연성이 성립됩니다.

7. 증거자료

□ 고소인은 고소인의 진술 외에 제출할 증거가 없습니다.

■ 고소인은 고소인의 진술 외에 제출할 증거가 있습니다.

☞ 제출할 증거의 세부내역은 별지를 작성하여 첨부합니다.

8. 관련사건의 수사 및 재판여부

① 중복 고소여부	본 고소장과 같은 내용의 고소장을 다른 검찰청 또는 경찰서에 제출하거나 제출하였던 사실이 있습니다 □ / 없습니다 ■
② 관련 형사사건 수사유무	본 고소장에 기재된 범죄사실과 관련된 사건 또는 공범에 대하여 검찰청이나 경찰서에서 수사 중에 있습니다 □ / 수사 중에 있지 않습니다 ■
③ 관련 민사소송 유무	본 고소장에 기재된 범죄사실과 관련된 사건에 대하여 법원에서 민사소송 중에 있습니다 □ / 민사소송 중에 있지 않습니다 ■

9. 기타

본 고소장에 기재한 내용은 고소인이 알고 있는 지식과 경험을 바탕으로 모두 사실대로 작성하였으며, 만일 허위사실을 고소하였을 때에는 형법 제156조 무고죄로 처벌받을 것임을 아울러 서약합니다.

○○○○ 년 ○○ 월 ○○ 일

위 고소인 : ○ ○ ○   (인)

경기도 남양주시경찰서장 귀중

별지 : 증거자료 세부 목록

　　(범죄사실 입증을 위해 제출하려는 증거에 대하여 아래 각 증거별로 해당 난을 구체적으로 작성해 주시기 바랍니다)

1. 인적증거

성　명	○ ○ ○	주민등록번호	생략	
주　소	남양주시 ○○로 ○○길 ○○○,		직업	회사원
전　화	(휴대폰) 010 - 2345 - 0000			
입증하려는 내　용	위 ○○○은 피고소인의 범행일체에 대하여 소상히 알고 있으므로 이를 입증하고자 합니다.			

2. 증거서류

순번	증　거	소유자	제출 유무	
1	캡처화면	피고소인	■ 접수시 제출	□ 수사 중 제출
2	스크린 샷	고소인	■ 접수시 제출	□ 수사 중 제출
3			□ 접수시 제출	□ 수사 중 제출
4			□ 접수시 제출	□ 수사 중 제출
5			□ 접수시 제출	□ 수사 중 제출

3. 증거물

순번	증　거	소유자	제출 유무	
1	캡처화면	고소인	■ 접수시 제출	□ 수사 중 제출
2			□ 접수시 제출	□ 수사 중 제출
3			□ 접수시 제출	□ 수사 중 제출
4			□ 접수시 제출	□ 수사 중 제출
5			□ 접수시 제출	□ 수사 중 제출

4. 기타증거

　　추후 필요에 따라 제출하겠습니다.

고   소   장

고 소 인 : ○   ○   ○

피 고 소 인 : ○   ○   ○

전라북도 군산경찰서장 귀중

고 소 장

1. 고소인

성 명	○ ○ ○		주민등록번호	생략
주 소	전라북도 군산시 ○○로 ○○길 ○○, ○○○호			
직 업	상업	사무실 주 소	생략	
전 화	(휴대폰) 010 - 3876 - 0000			
대리인에 의한 고 소	□ 법정대리인 (성명 : , 연락처) □ 소송대리인 (성명 : 변호사, 연락처)			

2. 피고소인

성 명	○ ○ ○		주민등록번호	생략
주 소	전라북도 군산시 ○○로 ○○길 ○○, ○○호			
직 업	회사원	사무실 주 소	생략	
전 화	(휴대폰) 010 - 7643 - 0000			
기타사항	고소인과의 관계 - 친·인척관계 없습니다.			

3. 고소취지

고소인은 피고소인을 정보통신망 이용촉진 및 정보보호 등에 관한 법률 제70조 제2항(명예훼손) 혐의로 고소하오니 피고소인을 철저히 수사하여 법에 준엄함을 절실히 깨달을 수 있도록 엄벌에 처하여 주시기 바랍니다.

4. 범죄사실

(1) 적용법조

① 정보통신망 이용촉진 및 정보보호 등에 관한 법률 제70조(명예훼손) 제2항

사람을 비방할 목적으로 정보통신망을 통하여 공공연하게 거짓(허위)의 사실을 드러내어 다른 사람의 명예를 훼손한 자는 7년 이하의 징역, 10년 이하의 자격정지 또는 5,000만 원 이하의 벌금에 처한다.

(2) 이 사건의 경위

가. 피고소인은 ○○○○. ○○. ○○. ○○:○○경 고소인을 비방할 목적으로 정보통신망인 다음 농촌경제 ○○카페의 회원들에게 카페운영자인 고소인이 회원들의 개인 신상정보를 팔아먹고 있으니, 당장 카페를 탈퇴하라는 내용의 쪽지를 대량으로 발송하여 공공연하게 거짓의 사실을 드러내어 고소인의 명예를 훼손하였습니다.

나. 피고소인은 ○○○○. ○○. ○○. ○○:○○경 고소인을 비방할 목적으로 위 다음 농촌경제 ○○카페의 회원들에게 고소인이 회원들을 상대로 건강식품을 강제로 구매하게 하고 그 이익금을 챙기고 있다는 거짓의 사실을 드러내어 고소인의 명예를 훼손하였습니다.

5. 고소이유

(1) 고소인이 다음 카페를 운영하게 된 경위

가. 고소인은 ○○○○. ○○. ○○. ○○대학교를 입학한 후에 농촌과 관련한 사안에 대해 관심을 가지고 있다가 고소인의 후배들이 운영하는 농촌경제포럼의 카페를 알게 되었습니다.

나. 고소인은 농촌경제에 대한 지식을 고향 군산 분들과 공유하고 고소인의 진로에 도움이 될 것이라는 생각으로 위 카페를 운영하게 되었습니다.

(2) 피고소인의 고소인에 대한 명예훼손

가. 고소인은 위 카페를 그다지 열심히 운영하는 편은 아니었고, 회원 수는 그리 많지 않았습니다. 사회경제를 비롯하여 농촌경제가 침체되자 많은 사람들이 관심을 가지게 되었고 고소인이 운영하는 카페는 고향분들을 비롯해서 상당한 인기를 끌고 회원 수가 많아 졌습니다.

나. 그러던 중, 느닷없이 피고소인이 고소인이 운영하는 위 카페의 회원들에게 카페를 운영하는 고소인이 개인 신상정보를 팔아먹고 있으니, 당장 카페를 탈퇴하라는 내용의 쪽지를 대량으로 발송하였습니다.(증 제1호증 참조)

다. 고소인이 회원들을 상대로 건강식품을 강제로 구매하게 하고 그 이익금을 챙기고 있다는 거짓의 사실을 드러내어 고소인의 명예를 훼손하였습니다.

라. 이에 피고소인에게 고소인이 전화로 항의하자 피고소인은 막무가내로 횡설수설 할 뿐 도무지 말이 통하지 않았습니다.

마. 고소인이 피고소인에게 연락하기 위해 카페에 등록된 전화번호로 연락을 취한 것까지 개인정보를 불법으로 알아냈다며 트집을 잡으면서 수준이하의 행동을 계속하고 있습니다.

(3) 피고소인에 대한 처벌의 필요성

가. 피고소인은 고소인의 명예를 위와 같이 훼손하였을 뿐 아니라 지금도 계속해서 유사한 행위를 계속하고 있으므로 정보통신망이용촉진및정보보호등에관한법률 제70조 제2항(거짓의 사실을 그러내어) 명예훼손죄가 명백함으로 기소 쪽으로의 확고한 의지를 가지고 고소인의 진술에 귀 기울여 실체적 진실을 밝히고 피고소인을 엄벌에 처할 수 있게 즉각적이고도 철저한 수사를 하여 주시기 바랍니다.

나. 고소인의 삭제요구에도 불구하고 피고소인은 이를 아랑곳하지 않고 자신의 잘못을 뉘우치지 않고 고소인만 오히려 탓하고 있으므로 지금 당장 처벌을 하지 않는다면 재범의 우려가 아주 높기 때문에 피고소인에 대한 처벌의 필요성이 있습니다.

6. 범죄의 성립근거

가. 피해자의 특정

고소인이 운영하는 이 사건 ○○카페는 정보통신망인 다음 농촌경제 ○○카페의 수백 명에 달하는 회원들이면 누구나 쉽게 이용할 수 있고 고소인이 카페를 운영하기 때문에 고소인이 어디에서 무엇을 하고 있는 또 누구인지 알 수 있는 상태였기에 익명성이 보장된 인터넷 공간으로서 피해자인 고소인 본인이 충분히 특정 지어진 상태입니다.

한편, 누구나 고소인을 비방하는 사실을 쉽게 알아차릴 수 있었기 때문에 피해자가 특정됩니다.

나. 공연성

피고소인이 비방하는 게시 글을 ○○○○. ○○. ○○. 포털사이트 다음 농촌경제 ○○카페게시판에 유포한 것이므로 농촌경제 ○○카페회원이면 누구나 볼 수 있으므로 공연성이 성립됩니다.

7. 증거자료

☐ 고소인은 고소인의 진술 외에 제출할 증거가 없습니다.

■ 고소인은 고소인의 진술 외에 제출할 증거가 있습니다.

   ☞ 제출할 증거의 세부내역은 별지를 작성하여 첨부합니다.

8. 관련사건의 수사 및 재판여부

① 중복 고소여부	본 고소장과 같은 내용의 고소장을 다른 검찰청 또는 경찰서에 제출하거나 제출하였던 사실이 있습니다 ☐ / 없습니다 ■
② 관련 형사사건 수사유무	본 고소장에 기재된 범죄사실과 관련된 사건 또는 공범에 대하여 검찰청이나 경찰서에서 수사 중에 있습니다 ☐ / 수사 중에 있지 않습니다 ■
③ 관련 민사소송 유무	본 고소장에 기재된 범죄사실과 관련된 사건에 대하여 법원에서 민사소송 중에 있습니다 ☐ / 민사소송 중에 있지 않습니다 ■

9. 기타

   본 고소장에 기재한 내용은 고소인이 알고 있는 지식과 경험을 바탕으로 모두 사실대로 작성하였으며, 만일 허위사실을 고소하였을 때에는 형법 제156조 무고죄로 처벌받을 것임을 아울러 서약합니다.

○○○○ 년 ○○ 월 ○○ 일

위 고소인 : ○ ○ ○   (인)

전라북도 군산경찰서장 귀중

별지 : 증거자료 세부 목록

　　(범죄사실 입증을 위해 제출하려는 증거에 대하여 아래 각 증거별로 해당 난을 구체적으로 작성해 주시기 바랍니다)

1. 인적증거

성 명	○ ○ ○	주민등록번호		생	
주 소	군산시 ○○로 ○○길 ○○○,			직업	농업
전 화	(휴대폰) 010 - 7765 - 0000				
입증하려는 내 용	위 ○○○은 고소인이 운영하는 위 카페의 회원으로서 피고소인의 범행일체에 대하여 소상히 알고 있으므로 이를 입증하고자 합니다.				

2. 증거서류

순번	증 거	작성자	제출 유무	
1	캡처화면	피고소인	■ 접수시 제출	□ 수 사 중 제 출
2	스크린 샷	고소인	■ 접수시 제출	□ 수 사 중 제 출
3			□ 접수시 제출	□ 수 사 중 제 출
4			□ 접수시 제출	□ 수 사 중 제 출
5			□ 접수시 제출	□ 수 사 중 제 출

3. 증거물

순번	증 거	소유자	제출 유무	
1	캡처화면	고소인	■ 접수시 제출	□ 수 사 중 제 출
2			□ 접수시 제출	□ 수 사 중 제 출
3			□ 접수시 제출	□ 수 사 중 제 출
4			□ 접수시 제출	□ 수 사 중 제 출
5			□ 접수시 제출	□ 수 사 중 제 출

4. 기타증거

　　추후 필요에 따라 제출하겠습니다.

【고소장(4)】 명예훼손 허위사실 적시 회식자리에서 헛소문을 퍼뜨려 처벌을
요구하는 고소장

고 　 소 　 장

고 소 인 : ○ 　 ○ 　 ○

피 고 소 인 : ○ 　 ○ 　 ○

전북 전주시 덕진경찰서장 귀중

고　　소　　장

1. 고소인

성　　명	○ ○ ○	주민등록번호	생략
주　　소	전주시 ○○구 ○○로 ○○길 ○○, ○○○호		
직　　업	회사원	사무실 주　소	생략
전　　화	(휴대폰) 010 - 8832 - 0000		
대리인에 의한 고　　소	☐ 법정대리인 (성명 :　　　,　　연락처　　　　　) ☐ 소송대리인 (성명 : 변호사,　　연락처　　　　　)		

2. 피고소인

성　　명	○ ○ ○	주민등록번호	생략
주　　소	전주시 완산구 ○○로 ○○길 ○○, ○○○호		
직　　업	회사원	사무실 주　소	생략
전　　화	(휴대폰) 010 - 1278 - 0000		
기타사항	고소인과의 관계 - 친·인척관계 없습니다.		

3. 고소취지

고소인은 피고소인을 형법 제307조 제2항 허위사실 적시에 의한 명예훼손죄로 고소하오니 철저히 수사하여 법에 준엄함을 깨달을 수 있도록 엄벌에 처하여 주시기 바랍니다.

4. 범죄사실

(1) 적용법조

① 형법 제307조 제2항(명예훼손죄)

공연히 허위의 사실을 적시하여 사람의 명예를 훼손한 자는 5년 이하의 징역, 10년 이하의 자격정지 또는 1,000만 원 이하의 벌금에 처한다.

(2) 당사자 관계

가. 고소인은 전주시 ○○구 ○○로 ○○길 ○○, ○○빌딩 주식회사 ○○○○이라는 회사에 업무과장으로 근무하고 있습니다.

나. 피고소인은 위 같은 회사의 전주시 ○○구 ○○로길 ○○, ○○지점에 자재관리과 대리로 근무하고 있습니다.

(3) 이 사건의 경위

가. 피고소인은 ○○○○. ○○. ○○. ○○:○○경 위 회사의 회식자리에서 고소인이 없는 자리에서 여러 사람에게 성적행위 및 사내에 근무하고 있는 여직원 고소 외 ○○○과 부적절한 관계로 바람을 피웠다는 허위의 사실을 적시하였습니다.

나. 성행위가 문란하고 가정이 있는 남자로 바람이 난 사실을 고소인의 부인이 알게 되어 이혼직전에 있다는 헛소문 때문에 회사까지 그만두어야 할 지경에 이르렀다는 허위사실을 적시하였습니다.

(4) 고소인의 피해상황

가. 고소인이 보면 피고소인이 아무런 말을 하지 않고 간접적으로 회식에 참석한 같은 회사 사원이 고소인에게 말을 해줘서 알고 있는 상황이라고 둘러대고 있습니다.

나. 고소인은 피고소인의 위와 같은 헛소문 때문에 아랫사람들 특히 여직원 보기 부끄럽고 창피스러워서 회사를 다닐 수 없을 지경에서 도저히 참을 수 없어서 정신과적 치료까지 받고 있습니다.

5. 고소이유

(1) 피고소인에 대한 처벌의 필요성

가. 피고소인은 잘못을 뉘우치지 않고 계속해서 고소인에 대한 험담을 일삼고 있습니다.

나. 이와 같이 피고소인은 전혀 반성하지 아니하고 또 다시 허위사실을 유포하여 고소인의 명예를 훼손하였을 뿐더러 지금도 계속해서 유사한 행위를 계속하고 있으므로 형법 제307조 제2항 허위사실 적시에 의한 명예훼손죄가 명백하므로 기소 쪽으로의 확고한 의지를 가지고 고소인의 진술에 귀 기울여 실체적 진실을 밝히고 피고소인을 엄벌에 처할 수 있게 즉각적이고도 철저한 수사가 필요합니다.

6. 범죄의 성립근거

가. 피해자의 특정

피고소인은 위 회사의 본점 및 지점의 직원 약 40여명이 회식을 하기 위해 모인 자리에서 고소인을 비방하는 헛소문을 퍼뜨렸기 때문에 피해자인 고소인 본인이 충분히 특정 지어진 상태입니다.

한편, 위 회식장소에 모인 위 회사의 직원들은 누구나 고소인을 비방하는 사실을 쉽게 알아차릴 수 있었기 때문에 피해자가 특정된다고 볼 수 있습니다.

나. 공연성

　피고소인이 고소인을 비방하기 위해 헛소문을 퍼뜨린 것은 회사직원들이 모여 있는 회식장소에서 고소인을 비방한 것이므로 공연성 또한 충족됩니다.

7. 증거자료

□ 고소인은 고소인의 진술 외에 제출할 증거가 없습니다.

■ 고소인은 고소인의 진술 외에 제출할 증거가 있습니다.

　☞ 제출할 증거의 세부내역은 별지를 작성하여 첨부합니다.

8. 관련사건의 수사 및 재판여부

① 중복 고소여부	본 고소장과 같은 내용의 고소장을 다른 검찰청 또는 경찰서에 제출하거나 제출하였던 사실이 있습니다 □ / 없습니다 ■
② 관련 형사사건 수사유무	본 고소장에 기재된 범죄사실과 관련된 사건 또는 공범에 대하여 검찰청이나 경찰서에서 수사 중에 있습니다 □ / 수사 중에 있지 않습니다 ■
③ 관련 민사소송 유무	본 고소장에 기재된 범죄사실과 관련된 사건에 대하여 법원에서 민사소송 중에 있습니다 □ / 민사소송 중에 있지 않습니다 ■

9.기타

　본 고소장에 기재한 내용은 고소인이 알고 있는 지식과 경험을 바탕으로 모두 사실대로 작성하였으며, 만일 허위사실을 고소하였을 때에는 형법 제156조 무고죄로 처벌받을 것임을 아울러 서약합니다.

○○○○ 년 ○○ 월 ○○ 일

위 고소인 : ○　○　○　　　(인)

전북 전주시 덕진경찰서장 귀중

별지 : 증거자료 세부 목록

    (범죄사실 입증을 위해 제출하려는 증거에 대하여 아래 각 증거별로 해당 난을 구체적으로 작성해 주시기 바랍니다)

1. 인적증거

성 명	○○○	주민등록번호	생략	
주 소	전주시 ○○로 ○○길 ○○○,		직업	회사원
전 화	(휴대폰) 010 - 8543 - 0000			
입증하려는 내 용	위 ○○○은 고소인과 같은 회사의 동료로서 피고소인이 회식장 소에서 고소인을 비방하는 것을 듣고 목격하였으므로 이를 입증하고자 합니다.			

2. 증거서류

순번	증 거	작성자	제출 유무	
1	진술서	고소인	■ 접수시 제출	□ 수사 중 제출
2	대화내용 녹취록	고소인	■ 접수시 제출	□ 수사 중 제출
3			□ 접수시 제출	□ 수사 중 제출
4			□ 접수시 제출	□ 수사 중 제출
5			□ 접수시 제출	□ 수사 중 제출

3. 증거물

순번	증 거	소유자	제출 유무	
1	대화내용 녹취록	고소인	■ 접수시 제출	□ 수사 중 제출
2			□ 접수시 제출	□ 수사 중 제출
3			□ 접수시 제출	□ 수사 중 제출
4			□ 접수시 제출	□ 수사 중 제출
5			□ 접수시 제출	□ 수사 중 제출

4. 기타증거

    추후 필요에 따라 제출하겠습니다.

【고소장(5)】 사이버 명예훼손 아파트 단체 카톡 방에 거짓의 사실을 드러내어
처벌요구 고소장

고　　소　　장

고　소　인　: ○　　○　　　○

피 고 소 인 : ○　　○　　　○

전라남도 여수경찰서장 귀중

고 　소 　장

1. 고소인

성　명	○ ○ ○		주민등록번호	생략
주　소	전라남도 여수시 ○○로 ○○길 ○○, ○○○호			
직　업	상업	사무실 주　소	생략	
전　화	(휴대폰) 010 - 8345 - 0000			
대리인에 의한 고　소	☐ 법정대리인 (성명 :　　　,　　연락처　　　　　) ☐ 소송대리인 (성명 : 변호사,　　연락처　　　　　)			

2. 피고소인

성　명	○ ○ ○		주민등록번호	생략
주　소	전라남도 여수시 ○○로 ○○○, ○○호			
직　업	상업	사무실 주　소	생략	
전　화	(휴대폰) 010 - 8321 - 0000			
기타사항	고소인과의 관계 - 친·인척관계 없습니다.			

3. 고소취지

고소인은 피고소인을 정보통신망 이용촉진 및 정보보호 등에 관한 법률 제70조 제2항 거짓의 사실을 드러내어 명예훼손죄로 고소하오니 피고소인을 철저히 수사하여 법에 준엄함을 절실히 깨달을 수 있도록 엄벌에 처하여 주시기 바랍니다.

4. 범죄사실

(1) 적용법조

① 정보통신망 이용촉진 및 정보보호 등에 관한 법률 제70조(명예훼손) 제2항

사람을 비방할 목적으로 정보통신망을 통하여 공공연하게 거짓(허위)의 사실을 드러내어 다른 사람의 명예를 훼손한 자는 7년 이하의 징역, 10년 이하의 자격정지 또는 5,000만 원 이하의 벌금에 처하도록 돼 있습니다.

(2) 당사자 관계

가. 고소인은 전라남도 여수시 ○○로 ○○길 ○○, ○○아파트에 거주하고 있습니다.

나. 피고소인은 위 아파트 상가에서 ○○○이라는 상호로 ○○○을 운영하는 자입니다.

(3) 이 사건의 경위

가. 피고소인은 ○○○○. ○○. ○○. ○○:○○경 위 ○○아파트 단지 내에서 주민들의 편의를 고려하여 단체 카톡 방을 개설하였는데 불상장소에서 자신의 휴대폰 ○○○-○○○○-○○○○번호로 고지성 문자메시지로'고소인이 주민들을 상대로 변호사비용을 내게 하고 그 돈을 빼돌려 해먹었다'는 허위사실을 유포하여 고소인의 명예를 심각하게 훼손하였습니다.

나. 위 피고소인이 퍼트린 문자메시지는 빠른 속도로 유포되어 위 아파트 단

지에 거주하는 전체 주민에게 전파되었습니다.

(4) 고소인의 피해상황

가. 고소인은 같은 주민이 연락하여 단체 카톡 방에 접속하여 피고소인이 퍼트린 허위사실로 인하여 큰 충격을 받았습니다.

나. 고소인은 피고소인의 위와 같은 거짓의 사실을 드러내어 때문에 같은 단지 내의 주민들이나 이웃 주민들 보기 부끄럽고 창피스러워서 더 이상 위 아파트에서 살 수 없을 정도로 도저히 참을 수 없어서 현재 정신과적 치료까지 받고 있습니다.

5. 고소이유

(1) 피고소인에 대한 처벌의 필요성

가. 피고소인은 계속해서 고소인에 대한 험담을 일삼고 있습니다.

나. 이와 같이 피고소인은 전혀 반성하지 아니하고 또 피고소인은 고소인이 단지 내의 주민선거에 출마한 것으로 오해하고 상호 비방을 일삼고 있지만 실제 고소인은 단지 내의 주민선거에 출마한 사실도 없고 주민들을 상대로 변호사비용을 갹출한 사실도 사실무근이므로 고소인의 진술에 귀기울여 실체적 진실을 밝히고 피고소인을 엄벌에 처할 수 있게 즉각적이고도 철저한 수사가 필요합니다.

6. 범죄의 성립근거

가. 피해자의 특정

피고소인은 전라남도 여수시 ○○로 ○○, ○○아파트 주민들이 정보를 공유하는 단체 카톡 방에서 고소인에 대한 허위사실을 유포(거짓의 사실을 드러내어)하였기 때문에 피해자인 고소인 본인이 충분히 특정 지어진 상태입니다.

한편, 위 아파트 주민들이 단체 카톡 방에서 피고소인이 퍼트린 허위사실은 고소인을 비방하는 사실임을 쉽게 알아차릴 수 있었기 때문에 피해자가 특정된다고 볼 수 있습니다.

나. 공연성

피고소인이 고소인을 비방하기 위해 허위사실을 유포한 것은 위 단지 내의 주민이면 누구나 접속하여 정보를 공유하는 단체 카톡 방에서 고소인을 비방한 것이므로 공연성 또한 충족됩니다.

7. 증거자료

  □ 고소인은 고소인의 진술 외에 제출할 증거가 없습니다.

  ■ 고소인은 고소인의 진술 외에 제출할 증거가 있습니다.

   ☞ 제출할 증거의 세부내역은 별지를 작성하여 첨부합니다.

8. 관련사건의 수사 및 재판여부

① 중복 고소여부	본 고소장과 같은 내용의 고소장을 다른 검찰청 또는 경찰서에 제출하거나 제출하였던 사실이 있습니다 □ / 없습니다 ■
② 관련 형사사건 수사유무	본 고소장에 기재된 범죄사실과 관련된 사건 또는 공범에 대하여 검찰청이나 경찰서에서 수사 중에 있습니다 □ / 수사 중에 있지 않습니다 ■
③ 관련 민사소송 유무	본 고소장에 기재된 범죄사실과 관련된 사건에 대하여 법원에서 민사소송 중에 있습니다 □ / 민사소송 중에 있지 않습니다 ■

9. 기타

 본 고소장에 기재한 내용은 고소인이 알고 있는 지식과 경험을 바탕으로 모두 사실대로 작성하였으며, 만일 허위사실을 고소하였을 때에는 형법 제156조 무고죄로 처벌받을 것임을 아울러 서약합니다.

     ○○○○ 년 ○○ 월 ○○ 일

       위 고소인 : ○　○　○　　(인)

전라남도 여수경찰서장 귀중

별지 : 증거자료 세부 목록

   (범죄사실 입증을 위해 제출하려는 증거에 대하여 아래 각 증거별로
   해당 난을 구체적으로 작성해 주시기 바랍니다)

1. 인적증거

성 명	○ ○ ○	주민등록번호	생략	
주 소	전라남도 여수시 ○○로 ○○길 ○○○,		직업	주민
전 화	(휴대폰) 010 - 7743 - 0000			
입증하려는 내 용	위 ○○○은 고소인과 같은 아파트에 거주하면서 피고소인이 단체 카톡 방에 고소인을 비방하는 글을 보고 고소인에게 알려준 사람으로 듣고 목격하였으므로 이를 입증하고자 합니다.			

2. 증거서류

순번	증 거	작성자	제출 유무
1	스크린 샷	고소인	■ 접수시 제출　□ 수사 중 제출
2	대화내용	고소인	■ 접수시 제출　□ 수사 중 제출
3			□ 접수시 제출　□ 수사 중 제출
4			□ 접수시 제출　□ 수사 중 제출
5			□ 접수시 제출　□ 수사 중 제출

3. 증거물

순번	증 거	소유자	제출 유무
1	대화내용	고소인	■ 접수시 제출　□ 수사 중 제출
2			□ 접수시 제출　□ 수사 중 제출
3			□ 접수시 제출　□ 수사 중 제출
4			□ 접수시 제출　□ 수사 중 제출
5			□ 접수시 제출　□ 수사 중 제출

4. 기타증거

   추후 필요에 따라 제출하겠습니다.

【고소장(6)】 명예훼손 협박 폭행 회사로 찾아와 허위사실유포 강력한 처벌요 구 고소장

고 　소 　장

고 소 인 : ○ 　　○ 　　○

피 고 소 인 : ○ 　　○ 　　○

강원도 원주경찰서장 귀중

고　　소　　장

1. 고소인

성　　명	○ ○ ○	주민등록번호	생략
주　　소	강원도 원주시 ○○로 ○○길 ○○, ○○○호		
직　　업	회사원	사무실 주　소	생략
전　　화	(휴대폰) 010 - 8823 - 0000		
대리인에 의한 고　　소	☐ 법정대리인 (성명 :　　　　, 　　연락처　　　　　　　) ☐ 소송대리인 (성명 : 변호사, 　　연락처　　　　　　　)		

2. 피고소인

성　　명	○ ○ ○	주민등록번호	생략
주　　소	강원도 원주시 ○○로 ○○길 ○○, ○○○호		
직　　업	상업	사무실 주　소	생략
전　　화	(휴대폰) 010 - 9898 - 0000		
기타사항	고소인과의 관계 - 친·인척관계 없습니다.		

3. 고소취지

고소인은 피고소인을 형법 제307조 제2항 명예훼손죄 등으로 고소하오니 철저히 수사하여 법에 준엄함을 깨달을 수 있도록 엄벌에 처하여 주시기 바랍니다.

4. 범죄사실

(1) 적용법조

① 형법 제307조 제2항(명예훼손죄)

공연히 허위의 사실을 적시하여 사람의 명예를 훼손한 자는 5년 이하의 징역, 10년 이하의 자격정지 또는 1,000만 원 이하의 벌금에 처한다.

② 형법 제283조 제1항(협박죄)

사람을 협박한 자는 3년 이하의 징역. 500만 원 이하의 벌금, 구류 또는 과료에 처한다.

③ 형법 제260조 제1항(폭행죄)

사람의 신체에 대하여 폭행을 가한 자는 2년 이하의 징역, 500만 원 이하의 벌금, 구류 또는 과료에 처한다.

(2) 당사자 관계

가. 고소인은 강원도 원주시 ○○로 ○○길 ○○, 소재 ○○이라는 상호의 회사에 사원입니다.

나. 피고소인은 고소인이 ○○○○. ○○. ○○. 가입한 원주시 ○○산악회에서 알게 된 여자 친구 ○○○의 남편입니다.

(3) 이 사건의 경위

　가. 피고소인은,

　　　○○○○. ○○. ○○. 15:10경 고소인의 근무지인 강원도 원주시 ○○로 ○○, 소재 ○○회사 내 인사과 사무실에 찾아가 동 사무실 인사 차장 김○○에게 고소인이 피고소인의 처 정○○와 불륜관계가 없음에도 있는 것처럼 A4용지 2매에"안녕하십니까? 온 국민들로부터 신뢰와 덕망을 모두 받고 있는 대한민국 최고의 기업인 ○○에 너무나 부도덕하고 자기 잘못을 모르며 단란한 한 가정을 송두리째 파괴 시켜버린 한 사람의 잘못을 알리고자 이렇게 서한을 띄우게 되었습니다."라는 내용의 한글과 컴퓨터로 작성된 문건을 불특정 다수인에게 유포될 수 있도록 교부하여 공연히 허위의 사실을 적시하여 고소인의 명예를 훼손하고,

　나. 전 가,항의 일시 경 ○○에 있는 고소인의 근무지 본사 감사팀에 전항의 요지인 이메일을 발송하여 전항과 같이 공연히 허위의 사실을 적시하여 고소인의 명예를 훼손하고,

　다. ○○○○. ○○. ○○. 02:00경 강원도 원주시 ○○로 ○○○, 소재 ○○마트 내 찜질방 홀에서 전항과 같이 피고소인의 처를 만난다는 이유로 느닷없이 고소인의 뺨을 3~4회 때리고 이를 피해 걸어가는 고소인의 옆구리를 공중으로 뛰어올라 발로 1회 힘껏 차고, 기진맥진하여 의자에 앉아 있는 고소인의 오른쪽 턱을 발로 걸어차 전치 4주간의 치료를 요하는 우측 제2 대구치 치관 파절상을 가하고,

　라. 전 다,항에 이어 휴대폰으로 어딘가에 전화를 걸어"형님, 여기 한 놈 파묻어야 되니까 애들 몇 명 데리고 빨리 와 주이소!"라며 소리친 뒤 그 곳 찜질방 종업원 성명 불상 남자에게'칼 가져 온나. 쑤셔 죽일 놈이 있다.'라며 고소인의 신체에 어떤 위해를 가할 듯이 소리를 질러 협박하였습니다.

(4) 고소인은 이로 인해 본사에서 근무지 인사팀으로부터 다음 주까지 퇴사시키라는 통보를 받았다는 소리를 듣고 있습니다.

(5) 고소인은 피고소인의 처와 ○○산악회원 이외에는 아무런 관계가 없음이 진실이고 피고소인은 의처증이 심할 뿐만 아니라 정○○가 고소인의 회사 인사팀에 그 해명의 글을 보내 왔던 것도 있습니다.

(6) 고소인은 아무런 영문도 모르고 느닷없이 피고소인으로부터 날벼락을 맞았는데 상세한 내용은 귀 경찰서에 출석하여 보충 진술토록 하겠습니다.

6. 범죄의 성립근거

가. 피해자의 특정

피고소인은 ○○○○. ○○. ○○. 15:10경 고소인이 피고소인의 처 정○○와 불륜관계가 없음에도 있는 것처럼"안녕하십니까? 온 국민들로부터 신뢰와 덕망을 모두 받고 있는 대한민국 최고의 기업인 ○○에 너무나 부도덕하고 자기 잘못을 모르며 단란한 한 가정을 송두리째 파괴 시켜버린 한 사람의 잘못을 알리고자 이렇게 서한을 띄우게 되었습니다."라는 내용의 유인물을 작성하여 고소인에 대한 허위사실을 유포하였기 때문에 피해자인 고소인 본인이 충분히 특정 지어진 상태입니다.

한편, 피고소인이 퍼트린 허위사실은 고소인을 비방하는 사실임을 쉽게 알아차릴 수 있었기 때문에 피해자가 특정된다고 볼 수 있습니다.

나. 공연성

피고소인이 피고소인의 처 정○○와 고소인은 불륜관계가 없음에도 있는 것처럼 허위사실을 유포한 것이므로 공연성 또한 충족됩니다.

7. 증거자료

☐ 고소인은 고소인의 진술 외에 제출할 증거가 없습니다.

■ 고소인은 고소인의 진술 외에 제출할 증거가 있습니다.

    ☞ 제출할 증거의 세부내역은 별지를 작성하여 첨부합니다.

8. 관련사건의 수사 및 재판여부

① 중복 고소여부	본 고소장과 같은 내용의 고소장을 다른 검찰청 또는 경찰서에 제출하거나 제출하였던 사실이 있습니다 ☐ / 없습니다 ■
② 관련 형사사건 수사유무	본 고소장에 기재된 범죄사실과 관련된 사건 또는 공범에 대하여 검찰청이나 경찰서에서 수사 중에 있습니다 ☐ / 수사 중에 있지 않습니다 ■
③ 관련 민사소송 유무	본 고소장에 기재된 범죄사실과 관련된 사건에 대하여 법원에서 민사소송 중에 있습니다 ☐ / 민사소송 중에 있지 않습니다 ■

9. 기타

본 고소장에 기재한 내용은 고소인이 알고 있는 지식과 경험을 바탕으로 모두 사실대로 작성하였으며, 만일 허위사실을 고소하였을 때에는 형법 제156조 무고죄로 처벌받을 것임을 아울러 서약합니다.

○○○○ 년 ○○ 월 ○○ 일

위 고소인 : ○ ○ ○   (인)

강원도 원주경찰서장 귀중

별지 : 증거자료 세부 목록

    (범죄사실 입증을 위해 제출하려는 증거에 대하여 아래 각 증거별로 해당 난을 구체적으로 작성해 주시기 바랍니다)

1. 인적증거

성 명	○ ○ ○	주민등록번호		생략	
주 소	강원도 원주시 ○○로 ○○길 ○○○,			직업	회사원
전 화	(휴대폰) 010 - 9904 - 0000				
입증하려는 내 용	위 ○○○은 고소인과 같은 회사에 근무하는 자로 피고소인이 유인물을 배포하는 등 듣고 목격하였으므로 이를 입증하고자 합니다.				

2. 증거서류

순번	증 거	작성자	제출 유무	
1	스크린 샷	고소인	■ 접수시 제출	□ 수사 중 제출
2	유인물	고소인	■ 접수시 제출	□ 수사 중 제출
3			□ 접수시 제출	□ 수사 중 제출
4			□ 접수시 제출	□ 수사 중 제출
5			□ 접수시 제출	□ 수사 중 제출

3. 증거물

순번	증 거	소유자	제출 유무	
1	유인물	고소인	■ 접수시 제출	□ 수사 중 제출
2			□ 접수시 제출	□ 수사 중 제출
3			□ 접수시 제출	□ 수사 중 제출
4			□ 접수시 제출	□ 수사 중 제출
5			□ 접수시 제출	□ 수사 중 제출

4. 기타증거

    추후 필요에 따라 제출하겠습니다.

고　　　소　　　장

고　소　인 :　○　　　○　　　○

피 고 소 인 :　○　　　○　　　○

경기도 화성경찰서장 귀중

고　　소　　장

1. 고소인

성　　명	○ ○ ○	주민등록번호	생략
주　　소	경기도 화성시 ○○로 ○○길 ○○, ○○○호		
직　　업	가정주부	사무실 주　소	생략
전　　화	(휴대폰) 010 - 5512 - 0000		
대리인에 의한 고　　소	□ 법정대리인 (성명 :　　　,　　연락처　　　　　　) □ 소송대리인 (성명 : 변호사,　　연락처　　　　　)		

2. 피고소인

성　　명	○ ○ ○	주민등록번호	생략
주　　소	경기도 화성시 ○○로 ○○길 ○○, ○○○호		
직　　업	무지	사무실 주　소	생략
전　　화	(휴대폰) 010 - 8845 - 0000		
기타사항	고소인과의 관계 - 친·인척관계 없습니다.		

3. 고소취지

고소인은 피고소인을 형법 제307조 제2항 명예훼손죄 등으로 고소하오니 철저히 수사하여 법에 준엄함을 깨달을 수 있도록 엄벌에 처하여 주시기 바랍니다.

4. 범죄사실

(1) 적용법조

① 형법 제307조 제2항(명예훼손죄)

공연히 허위의 사실을 적시하여 사람의 명예를 훼손한 자는 5년 이하의 징역, 10년 이하의 자격정지 또는 1,000만 원 이하의 벌금에 처한다.

(2) 당사자 관계

가. 고소인은 주소지에 거주하는 가정주부이며, 피고소인은 고소인과 이웃에 거주하는 자입니다.

나. 고소인과 피고소인은 친·인척관계가 없습니다.

(3) 이 사건의 경위

가. 피고소인은,

○○○○. ○○. ○○. 15:50경 고소인의 집 현관 밖에서 고소인이 ○○○○. ○○. ○○. 야간에 피고소인의 집 장롱속의 쉐타 호주머니에 넣어둔 금 ○○○만 원을 절취한 사실이 없음에도 불구하고, 때마침 이웃 주민 약 ○○여명이 모인 자리에서 "야 이년아! 그 돈이 어떤 돈인데 내 돈 내 놔라. 니가 그러고도 하나님을 믿느냐?"라며 마치 고소인이 피고소인의 돈을 훔쳐간 절도범인 것처럼 그때부터 약 ○○여분 간에 걸쳐 고함을 치고 소리를 지름으로써 공연히 허위의 사실을 적시하여 피해자의 명예를 훼손하였습니다.

나. 피고소인은 돈이 없어졌다고 한 날부터 서너 차례 고소인을 의심하고 소란을 피워 참다못한 고소인의 남편과 이웃들이 경찰에 신고를 하여 2회에 걸쳐 경찰관이 출동하였으나 그때마다 출동한 경찰관은 피고소인이 나이도 많고 하니 고소인이 우선 피해 있으면 오해가 풀리지 않겠느냐며 이해를 하라고 한 뒤 돌아갔던 일이 있었습니다.

다. 그 이후 피고소인은 오해가 풀리기는커녕 오히려 고소인이 정말 피고소인의 돈을 훔쳐간 사람이라고 계속해서 고래고래 소리쳐 도저히 묵과할 수 없어 본 고소에 이른 것이오니 법에 따라 의법조치해주시기 바랍니다.

5. 범죄의 성립근거

가. 피해자의 특정

피고소인은 ○○○○. ○○. ○○. 15:50경 고소인의 집 현관 밖에서 고소인이 ○○○○. ○○. ○○. 야간에 피고소인의 집 장롱속의 쉐타 호주머니에 넣어둔 금 ○○○만 원을 절취한 사실이 없음에도 불구하고, 때마침 이웃주민 약 ○○여명이 모인 자리에서 고소인이 피고소인의 돈을 훔쳐간 절도범인 것처럼 그때부터 약 ○○여 분간에 걸쳐 고함을 치고 소리를 지름으로써 공연히 허위의 사실을 적시하여 피해자의 명예를 훼손하였기 때문에 피해자인 고소인 본인이 충분히 특정 지어진 상태입니다.

한편, 피고소인이 고소인의 집 앞에서 허위사실을 퍼트린 것이므로 고소인을 비방하는 사실임을 쉽게 알아차릴 수 있었기 때문에 피해자가 특정된다고 볼 수 있습니다.

나. 공연성

피고소인이 고소인의 집 대문 앞에서 이웃 주민들이 약 ○○명이 모여 있는 자리에서 피고소인의 돈을 고소인이 훔친 사실이 없음에도 고소인이 피고소인의 돈을 훔친 절도범으로 허위사실을 적시한 것이어서 공연성 또한 충족됩니다.

6. 증거자료

☐ 고소인은 고소인의 진술 외에 제출할 증거가 없습니다.

■ 고소인은 고소인의 진술 외에 제출할 증거가 있습니다.

 ☞ 제출할 증거의 세부내역은 별지를 작성하여 첨부합니다.

7. 관련사건의 수사 및 재판여부

① 중복 고소여부	본 고소장과 같은 내용의 고소장을 다른 검찰청 또는 경찰서에 제출하거나 제출하였던 사실이 있습니다 ☐ / 없습니다 ■
② 관련 형사사건 수사유무	본 고소장에 기재된 범죄사실과 관련된 사건 또는 공범에 대하여 검찰청이나 경찰서에서 수사 중에 있습니다 ☐ / 수사 중에 있지 않습니다 ■
③ 관련 민사소송 유무	본 고소장에 기재된 범죄사실과 관련된 사건에 대하여 법원에서 민사소송 중에 있습니다 ☐ / 민사소송 중에 있지 않습니다 ■

8. 기타

 본 고소장에 기재한 내용은 고소인이 알고 있는 지식과 경험을 바탕으로 모두 사실대로 작성하였으며, 만일 허위사실을 고소하였을 때에는 형법 제156조 무고죄로 처벌받을 것임을 아울러 서약합니다.

○○○○ 년 ○○ 월 ○○ 일

위 고소인 : ○ ○ ○ (인)

경기도 화성경찰서장 귀중

별지 : 증거자료 세부 목록

(범죄사실 입증을 위해 제출하려는 증거에 대하여 아래 각 증거별로 해당 난을 구체적으로 작성해 주시기 바랍니다)

1. 인적증거

성 명	○ ○ ○	주민등록번호	생략		
주 소	경기도 화성시 ○○로 ○○길 ○○○,			직업	주부
전 화	(휴대폰) 010 - 9991 - 0000				
입증하려는 내 용	위 ○○○은 고소인과 같은 이웃에 살면서 피고소인이 고소인의 집 앞에서 많은 이웃 주민들이 모여 있는 자리에서 고소인이 피고소인의 돈을 훔친 도둑으로 발언한 사실을 듣고 목격하였으므로 이를 입증하고자 합니다.				

2. 증거서류

순번	증 거	작성자	제출 유무	
1	스크린 샷	고소인	■ 접수시 제출	□ 수사 중 제출
2	진술서	고소인	■ 접수시 제출	□ 수사 중 제출
3			□ 접수시 제출	□ 수사 중 제출
4			□ 접수시 제출	□ 수사 중 제출
5			□ 접수시 제출	□ 수사 중 제출

3. 증거물

순번	증 거	소유자	제출 유무	
1	진술서	고소인	■ 접수시 제출	□ 수사 중 제출
2			□ 접수시 제출	□ 수사 중 제출
3			□ 접수시 제출	□ 수사 중 제출
4			□ 접수시 제출	□ 수사 중 제출
5			□ 접수시 제출	□ 수사 중 제출

4. 기타증거

추후 필요에 따라 제출하겠습니다.

고　　소　　장

고　소　인 : ○　　○　　○

피고소인 : ○　　○　　○

강원도 춘천경찰서장 귀중

고   소   장

1. 고소인

성 명	○ ○ ○	주민등록번호	생략
주 소	강원도 춘천시 ○○로 ○○, ○○○-○○○○호		
직 업	상업	사무실 주 소	생략
전 화	(휴대폰) 010 - 2789 - 0000		
대리인에 의한 고 소	☐ 법정대리인 (성명 : , 연락처) ☐ 소송대리인 (성명 : 변호사, 연락처)		

2. 피고소인

아 이 디	r3aper1234@naver.com		
주 소	무지		
직 업	무지	사무실 주 소	무지
전 화	(휴대폰) 무지		
기타사항	고소인과의 관계 - 친·인척관계 없습니다.		

3. 고소취지

고소인은 피고소인을 정보통신망 이용촉진 및 정보보호 등에 관한 법률 제70조 제2항 거짓의 사실을 드러내어 명예훼손죄로 고소하오니 피고소인을 철저히 수사하여 법에 준엄함을 절실히 깨달을 수 있도록 엄벌에 처하여 주시기 바랍니다.

4. 범죄사실

(1) 적용법조

① 정보통신망 이용촉진 및 정보보호 등에 관한 법률 제70조 명예훼손죄제2항 사람을 비방할 목적으로 정보통신망을 통하여 공공연하게 거짓의 사실을 드러내어 다른 사람의 명예를 훼손한 자는 7년 이하의 징역, 10년 이하의 자격정지 또는 5,000만 원 이하의 벌금에 처하도록 돼 있습니다.

(2) 당사자관계

가. 고소인은 주소지에'아름다운마을'이라는 상호로 일상생활에서 유익한 정보를 공유하기 위해 페이스북 아이디 asd0099@naver.com을 ○○○○. ○ ○. ○○.경 개설하여 운영하고 있습니다.

나. 피고소인은 r3aper1234@naver.com이라는 아이디를 사용하고 1. ○○○○. ○○. ○○. ○○:○○, 2. ○○○○. ○○. ○○. ○○:○○, 3. ○○○○. ○○. ○○. ○○:○○, 고소인의 페이스북에 접속하여 아래의 거짓의 사실을 드러내어 고소인의 명예를 훼손시켰습니다.

(3) 거짓의 사실을 드러내어 명예훼손 행위

가. 고소인은 페이스북을 통하여 춘천시내 외곽에 있는 맛 집을 소개하고 사진과 함께 안내하는 글을 올렸는데 피고소인은 ○○○○. ○○. ○○. 12:03분 고소인의 페이스북 아이디 asd0099@naver.com에 자신의 r3aper1234@naver.com로 접속하여'그렇게도 사기 칠 것이 없어서 먹는 것 가지고 사기 치냐 맛도

없는 집인데'라는 글을 게시하여 고소인의 명예를 훼손시켰습니다.

나. 피고소인은 ○○○○. ○○. ○○. 오전 ○○:○○분 고소인의 페이스북 아이디 asd0099@naver.com에 자신의 r3aper1234@naver.com로 다시 접속하여'정말 한심하다 이런 글을 누가 보느냐, 수준 떨어져 못 보겠다. 얼마나 받고 맛도 없는 집만 골라서 소개하느냐'라는 글을 게시하여 고소인의 명예를 훼손시켰습니다.

다. 피고소인은 ○○○○. ○○. ○○. 오후 ○○:○○분 고소인의 페이스북 아이디 asd0099@naver.com에 자신의 r3aper1234@naver.com로 재차 접속하여'아직 정신병원 안 갔나봐 헛소리 그만해라 당신 말 누가 믿겠나.' 라는 글을 게시하여 고소인의 명예를 훼손시켰습니다.

라. 피고소인은 위와 같이 확인되지 않은 거짓의 사실을 드러내어 악의적인 의도로 반복하여 게시함으로서 고소인의 명예를 심각하게 훼손시킨 사실이 있습니다.

(4) 피고소인의 고의

가. 피고소인은 고소인이 우리나라에서 가장 대중화된 SNS 라면 페이스북은 전 세계가 널리 사용하는 SNS 종류로 가장 많은 정보가 공유되는 서비스의 계정이라는 점을 잘 알고 고소인을 비방할 의도를 가지고 접속하였으므로 전파가능성에 관한 인식이 있음은 물론 나아가 그 위험을 용인하는 내심의 의사가 있습니다.

나. 고소인이 삭제를 요구하고 정중히 사과를 요구하였음에도 불구하고 게시글을 삭제하지 않은 것은 전파가능성을 용인하고 있었으므로 외부에 나타난 행위의 형태와 행위의 상황 등 구체적인 사정을 기초로 하여 일반인이라면 그 전파가능성을 어떻게 평가할 것인가는 피고소인의 입장에서 그 심리상태를 추인하더라도 고의성이 인정된다고 사료됩니다.

5. 고소이유

고소인으로서는 피고소인의 위와 같은 명예훼손 적 행위로 인한 피해 정도가 심각할 뿐만 아니라 피해 복구가 불가능하여 돌이킬 수 없는 지경에 이르렀으므로 피고소인을 정보통신망 이용촉진 및 정보보호 등에 관한 법률 제70조 제2항 거짓의 사실을 드러내어 명예훼손죄로 처벌을 하기 위하여 이 사건 고소에 이른 것입니다.

6. 범죄의 성립근거

가. 피해자의 특정

고소인은 페이스북 아이디 asd0099@naver.com에서 '아름다운마을'이라는 상호로 일상생활에서 유익한 정보를 공유하기 위해 운영하고 있으므로 고소인이 어디에서 무엇을 하고 있는 누구인지 알 수 있는 상태였기에 익명성이 보장된 인터넷 공간으로서 피해자인 고소인 본인이 충분히 특정 지어진 상태입니다.

한편, 고소인은 피고소인에게 위와 같이 게재된 거짓의 사실을 드러낸 게시 글의 삭제를 요구하였으나 삭제하지 않고 사과를 하지 않아 거짓의 사실을 드러내어 고소인의 명예를 훼손시킨 명예훼손에 대한 책임을 묻겠다고 종용한 사실도 있었습니다.

위와 같은 사정을 종합해 볼 때 피고소인의 고소인에 대한 위 1.'그렇게도 사기 칠 것이 없어서 먹는 것 가지고 사기 치냐 맛도 없는 집인데'2.'정말 한심하다 이런 글을 누가 보느냐, 수준 떨어져 못 보겠다. 얼마나 받고 맛도 없는 집만 골라서 소개하느냐'3.'아직 정신병원 안 갔나봐 헛소리 그만해라 당신 말 누가 믿겠나.'는 거짓의 사실을 드러내어 명예훼손 적 내용은 하루에도 ○,○○○여명이 방문하기 때문에 고소인이 운영하는 페이스북 아이디 asd0099@naver.com'아름다운마을'에 접속하는 분들은 누구나 고소인을 비방하는 사실을 쉽게 알아차릴 수 있었기 때문에 피해자가 특정된다고 볼 수 있습니다.

나. 공연성

고소인이 운영하는 페이스북 아이디 asd0099@naver.com‘아름다운마을’은 현재까지 가입된 회원 수만 해도 무려 ○,○○○,○○○명에 달하고 1일평균 방문하는 회원 수 또한 ○,○○○명이 넘는 SNS 종류가 가장 많은 정보가 공유되는 서비스이기 때문에 공연성이 성립됩니다.

7. 증거자료

□ 고소인은 고소인의 진술 외에 제출할 증거가 없습니다.

■ 고소인은 고소인의 진술 외에 제출할 증거가 있습니다.

☞ 제출할 증거의 세부내역은 별지를 작성하여 첨부합니다.

8. 관련사건의 수사 및 재판여부

① 중복 고소여부	본 고소장과 같은 내용의 고소장을 다른 검찰청 또는 경찰서에 제출하거나 제출하였던 사실이 있습니다 □ / 없습니다 ■
② 관련 형사사건 수사유무	본 고소장에 기재된 범죄사실과 관련된 사건 또는 공범에 대하여 검찰청이나 경찰서에서 수사 중에 있습니다 □ / 수사 중에 있지 않습니다 ■
③ 관련 민사소송 유무	본 고소장에 기재된 범죄사실과 관련된 사건에 대하여 법원에서 민사소송 중에 있습니다 □ / 민사소송 중에 있지 않습니다 ■

9. 기타

본 고소장에 기재한 내용은 고소인이 알고 있는 지식과 경험을 바탕으로 모두 사실대로 작성하였으며, 만일 허위사실을 고소하였을 때에는 형법 제156조 무고죄로 처벌받을 것임을 아울러 서약합니다.

○○○○ 년 ○○ 월 ○○ 일

위 고소인 : ○ ○ ○ (인)

강원도 춘천경찰서장 귀중

별지 : 증거자료 세부 목록

　　(범죄사실 입증을 위해 제출하려는 증거에 대하여 아래 각 증거별로
　　해당 난을 구체적으로 작성해 주시기 바랍니다)

1. 인적증거

성 명	○ ○ ○	주민등록번호	생 략	
주 소	강원도 ○○시 ○○로 ○○길 ○○○,		직업	회사원
전 화	(휴대폰) 010 - 1234 - 0000			
입증하려는 내 용	위 ○○○은 피고소인의 범행일체에 대하여 소상히 알고 있으므로 이를 입증하고자 합니다.			

2. 증거서류

순번	증 거	작성자	제출 유무
1	캡처화면	피고소인	■ 접수시 제출　□ 수사 중 제출
2	캡처화면	고소인	■ 접수시 제출　□ 수사 중 제출
3			□ 접수시 제출　□ 수사 중 제출
4			□ 접수시 제출　□ 수사 중 제출
5			□ 접수시 제출　□ 수사 중 제출

3. 증거물

순번	증 거	소유자	제출 유무
1	캡처화면	고소인	■ 접수시 제출　□ 수사 중 제출
2			□ 접수시 제출　□ 수사 중 제출
3			□ 접수시 제출　□ 수사 중 제출
4			□ 접수시 제출　□ 수사 중 제출
5			□ 접수시 제출　□ 수사 중 제출

4. 기타증거

　　추후 필요에 따라 제출하겠습니다.

【고소장(9)】 사이버명예훼손 인스타그램 비방의 목적으로 거짓의 사실을 드러내어 엄벌을 요구하는 고소장 최신서식

고   소   장

고 소 인 : ○   ○   ○

피 고 소 인 : ○   ○   ○

전주시 완산경찰서장 귀중

고   소   장

1. 고소인

성 명	○ ○ ○	주민등록번호	생략
주 소	전주시 완산구 ○○로 ○○, ○○○-○○○○호		
직 업	대학생	사무실 주 소	생략
전 화	(휴대폰) 010 - 2898 - 0000		
대리인에 의한 고 소	☐ 법정대리인 (성명 : , 연락처) ☐ 소송대리인 (성명 : 변호사, 연락처)		

2. 피고소인

아 이 디	zxcv0123@naver.com		
주 소	무지		
직 업	무지	사무실 주 소	무지
전 화	(휴대폰) 무지		
기타사항	고소인과의 관계 - 친·인척관계 없습니다.		

3. 고소취지

고소인은 피고소인을 정보통신망 이용촉진 및 정보보호 등에 관한 법률 제70조 제2항 거짓의 사실을 드러내어 명예훼손죄로 고소하오니 피고소인을 철저히 수사하여 법에 준엄함을 절실히 깨달을 수 있도록 엄벌에 처하여 주시기 바랍니다.

4. 범죄사실

(1) 적용법조

① 정보통신망 이용촉진 및 정보보호 등에 관한 법률 제70조 명예훼손죄제2항 사람을 비방할 목적으로 정보통신망을 통하여 공공연하게 거짓의 사실을 드러내어 다른 사람의 명예를 훼손한 자는 7년 이하의 징역, 10년 이하의 자격정지 또는 5,000만 원 이하의 벌금에 처하도록 돼 있습니다.

(2) 당사자관계

가. 고소인은 rokjhg83@naver.com으로 인스타그램 계정을 ○○○○. ○○. ○○.경 개설하여 학교 친구들과 소통하기 위하여 운영하고 있습니다.

나. 피고소인은 zxcv0123@naver.com이라는 아이디를 사용하고 1. ○○○○. ○○. ○○. ○○:○○, 2. ○○○○. ○○. ○○. ○○:○○, 3. ○○○○. ○○. ○○. ○○:○○, 고소인의 rokjhg83@naver.com인스타그램 SNS에 접속하여 아래의 거짓의 사실을 드러내어 고소인의 명예를 훼손시켰습니다.

(3) 거짓의 사실을 드러내어 명예훼손 행위

가. 고소인은 ○○○○. ○○. ○○. 15:20경 인스타그램 SNS를 학교 친구들과 학회에 다녀온 뒤 스토리, 게시 글을 공유하고 있었는데 피고소인은 ○○○○. ○○. ○○. 오후 ○○:○○분 접속하여 고소인의 사진을 보고'꼭 사기꾼 같다. 정말 이상하게 생겼다'라는 글을 게시하여 고소인의 명예를 훼손시켰습니다.

나. 피고소인은 ○○○○. ○○. ○○. 오후 ○○:○○분 다시 접속하여'정말 한심하다 이런 글을 누가 보느냐, 수준 떨어져 못 보겠다. '라는 글을 게시하여 고소인의 명예를 훼손시켰습니다.

다. 피고소인은 ○○○○. ○○. ○○. 오후 ○○:○○분 재차 접속하여 '아직 정신병원 안 갔나봐 헛소리 그만해라 당신 말 누가 믿겠나.'라는 글을 게시하여 고소인의 명예를 훼손시켰습니다.

라. 피고소인은 위와 같이 확인되지 않은 거짓의 사실을 드러내어 고소인을 비방할 목적으로 악의적인 의도로 반복하여 게시함으로서 고소인의 명예를 심각하게 훼손시킨 사실이 있습니다.

(4) 피고소인의 고의

가. 피고소인은 고소인이 우리나라에서 가장 대중화된 SNS 라면 페이스북만큼 인스타그램은 전 세계가 널리 사용하는 SNS 종류로 가장 많은 정보가 공유되는 서비스의 계정이라는 점을 잘 알고 고소인을 비방할 의도를 가지고 접속하여 전파가능성에 관한 인식이 있음은 물론 나아가 그 위험을 용인하는 내심의 의사가 있습니다.

나. 고소인이 삭제를 요구하고 정중히 사과를 요구하였음에도 불구하고 게시글을 삭제하지 않고 무시한 것은 전파가능성을 용인하고 있었고 외부에 나타난 행위의 형태와 행위의 상황 등 구체적인 사정을 기초로 하더라도 일반인이라면 그 전파가능성을 어떻게 평가할 것인가는 피고소인의 입장에서 그 심리상태를 추인한다 하더라도 고의성이 인정됩니다.

5. 고소이유

고소인으로서는 피고소인의 위와 같은 명예훼손 적 행위로 인한 피해 정도가 심각할 뿐만 아니라 피해 복구가 불가능하여 돌이킬 수 없는 지경에 이르렀으므로 피고소인을 정보통신망 이용촉진 및 정보보호 등에 관한 법률 제70조 제2항 거짓의 사실을 드러내어 명예훼손죄로 처벌을 하기 위하여 이 사건 고소에 이른 것입니다.

6. 범죄의 성립근거

가. 피해자의 특정

고소인은 인스타그램 아이디 rokjhg83@naver.com로 친구들과 서로의 일상을 공유하는 스토리, 게시 글을 공유하는 것이므로 고소인이 어디대학에서 무슨 학과를 다니고 현재 무슨 공부를 하는 누구인지 알 수 있는 상태였기에 익명성이 보장된 인터넷 공간으로서 피해자인 고소인 본인이 충분히 특정 지어진 상태입니다.

한편, 고소인은 피고소인에게 위와 같이 게재된 거짓의 사실을 드러낸 게시 글의 삭제를 요구하였으나 삭제하지 않고 정중한 사과를 요구하였음에도 이에 아랑곳하지 않고 계속해서 거짓의 사실을 드러내어 고소인의 명예를 훼손시킨 행위에 대한 책임을 묻겠다고 종용한 사실도 있었습니다.

위와 같은 사정을 종합해 볼 때 피고소인의 고소인에 대한 ①'꼭 사기꾼 같다. 정말 이상하게 생겼다'②'정말 한심하다 이런 글을 누가 보느냐, 수준 떨어져 못 보겠다.'③'아직 정신병원 안 갔나봐 헛소리 그만해라 당신 말 누가 믿겠나.'는 거짓의 사실을 드러내어 명예훼손 적 내용은 수도 없이 방문하는 친구들이나 학회에 소식을 듣고자 접속하는 분들이면 누구나 고소인을 비방하는 사실을 쉽게 알아차릴 수 있었기 때문에 피해자가 특정된다고 볼 수 있습니다.

나. 공연성

고소인이 운영하는 인스타그램은 rokjhg83@naver.com은 현재까지 가입된 친구들이나 학회관계자만 해도 무려 ○○○,○○○명에 달하고 1일평균 일상을 공유하는 친구들만 해도 ○,○○○명이 넘을 정도로 가장 많은 정보가 공유되는 서비스이기 때문에 공연성이 성립됩니다.

7. 증거자료

　　□ 고소인은 고소인의 진술 외에 제출할 증거가 없습니다.
　　■ 고소인은 고소인의 진술 외에 제출할 증거가 있습니다.
　　　　☞ 제출할 증거의 세부내역은 별지를 작성하여 첨부합니다.

8. 관련사건의 수사 및 재판여부

① 중복 고소여부	본 고소장과 같은 내용의 고소장을 다른 검찰청 또는 경찰서에 제출하거나 제출하였던 사실이 있습니다 □ / 없습니다 ■
② 관련 형사사건 수사유무	본 고소장에 기재된 범죄사실과 관련된 사건 또는 공범에 대하여 검찰청이나 경찰서에서 수사 중에 있습니다 □ / 수사 중에 있지 않습니다 ■
③ 관련 민사소송 유무	본 고소장에 기재된 범죄사실과 관련된 사건에 대하여 법원에서 민사소송 중에 있습니다 □ / 민사소송 중에 있지 않습니다 ■

9. 기타

　　본 고소장에 기재한 내용은 고소인이 알고 있는 지식과 경험을 바탕으로 모두 사실대로 작성하였으며, 만일 허위사실을 고소하였을 때에는 형법 제156조 무고죄로 처벌받을 것임을 아울러 서약합니다.

　　　　　○○○○ 년 ○○ 월 ○○ 일

　　　　　　　　위 고소인 : ○　○　○　　(인)

전주시 완산경찰서장 귀중

별지 : 증거자료 세부 목록

　　(범죄사실 입증을 위해 제출하려는 증거에 대하여 아래 각 증거별로
　　해당 난을 구체적으로 작성해 주시기 바랍니다)

1. 인적증거

성 명	○ ○ ○	주민등록번호	생 략	
주 소	전주시 ○○구 ○○로 ○○길 ○○○,		직업	대항생
전 화	(휴대폰) 010 - 1234 - 0000			
입증하려는 내 용	위 ○○○은 피고소인의 범행일체에 대하여 소상히 알고 있 으므로 이를 입증하고자 합니다.			

2. 증거서류

순번	증　거	작성자	제출 유무	
1	캡처화면	피고소인	■ 접수시 제출	□ 수사 중 제출
2	캡처화면	고소인	■ 접수시 제출	□ 수사 중 제출
3			□ 접수시 제출	□ 수사 중 제출
4			□ 접수시 제출	□ 수사 중 제출
5			□ 접수시 제출	□ 수사 중 제출

3. 증거물

순번	증　거	소유자	제출 유무	
1	캡처화면	고소인	■ 접수시 제출	□ 수사 중 제출
2			□ 접수시 제출	□ 수사 중 제출
3			□ 접수시 제출	□ 수사 중 제출
4			□ 접수시 제출	□ 수사 중 제출
5			□ 접수시 제출	□ 수사 중 제출

4. 기타증거

　　추후 필요에 따라 제출하겠습니다.

고　　소　　장

고　소　인 : ○　　　○　　　○

피고소인 : ○　　　○　　　○

고양시 ○○경찰서장 귀중

고 소 장

1. 고소인

성 명	○ ○ ○	주민등록번호	생략
주 소	고양시 ○○구 ○○로 ○○, ○○○-○○○○호		
직 업	상업	사무실 주 소	생략
전 화	(휴대폰) 010 - 2367 - 0000		
대리인에 의한 고 소	☐ 법정대리인 (성명 : , 연락처) ☐ 소송대리인 (성명 : 변호사, 연락처)		

2. 피고소인

성 명	아이디 qqmnbv2300		
주 소	무지		
직 업	무지	사무실 주 소	무지
전 화	(휴대폰) 010 - 3433 - 0000		
기타사항	고소인과의 관계 - 친·인척관계 없습니다.		

3. 고소취지

고소인은 피고소인을 정보통신망 이용촉진 및 정보보호 등에 관한 법률 제70 조 제2항 거짓의 사실을 드러내어 사이버명예훼손 혐의로 고소하오니 피고소인을 철저히 수사하여 법에 준엄함을 깨달을 수 있도록 엄벌에 처하여 주시기 바랍니다.

4. 범죄사실

(1) 적용법조

① 정보통신망 이용촉진 및 정보보호 등에 관한 법률 제70조(명예훼손) 제2항 사람을 비방할 목적으로 정보통신망을 통하여 공공연하게 거짓의 사실을 드러내어 다른 사람의 명예를 훼손한 자는 7년 이하의 징역, 10년 이하의 자격정지 또는 5,000만 원 이하의 벌금에 처하도록 돼 있습니다.

(2) 당사자관계

가. 고소인은 인터넷 포털사이트 네이버의 카페서비스를 이용하여,'○○산악회'라는 이름으로 회원 간의 정보를 교류하는 커뮤니티(이하 영문으로는 caf.naver.com/○○언덕이라고 합니다.)"의 운영자로서 닉네임(이하 앞으로는"언덕을 향하여"라고만 줄여 쓰겠습니다.)를 사용하는 사람입니다.

나. 피고소인은 고소인이 운영하고 있는 위"○○언덕"에 회원으로 등록한 후 아이디(ID)는"qqmnbv2300"을 사용하고 있고 이름은 조○규 라는 사람입니다.

(3) 비방할 목적으로 거짓의 사실을 드러내어

피고소인은 ○○○○. ○○. ○○. 오후 ○○:○○분"○○언덕"인터넷 카페 자유게시판에 자신의 닉네임(○○○ : 조○규)으로 언덕을 향하여(고소인의 닉네임)은"○○언덕의 야망인가?.","돈만 아는 장사꾼인가?"라는 제목을 포함된 댓글을 올린데 이어 비방할 목적으로 확인되지 않은 거짓의 사실을 드러내어 악의적인 의도로 반복하여 게시함으로서 고소인의 명예를 심각하게 훼손시킨 사실이 있습니다.

비방할 목적으로 거짓의 사실을 드러내어 악의적으로 허위사실유포의 주요골자는 아래와 같습니다.

지난번 장○선 회원 강제 퇴출과 관련 본인의 글이 카페에 게시된 후, 본인과 장○선과의 대립각이 형성되니(○○언덕 카페게시 글) 많은 회원께서 저에게 응원의 메시지 및 쪽지를 보내왔습니다.

그중에 몇 몇 분들께서 ○○언덕카페와, 카페운영자‘언덕을 향하여’에 대한 제보가 있었으며, 개중에는 상당히 신뢰할 수 있는 부분이 있고 본인도 전부터 의구심을 가지고 있었습니다.

① ○○언덕카페 수익금에 대한 의혹제기

  카페 바자회 수익금과, 회비 등 적지 않은 수입이 있었음에도 불구하고, 현 집행부는 수입, 지출에 관련하여, 정확하게 회원들에게 공개한바가 없습니다.

② 식음료 및 도시락 판매회사와,‘언덕을 향하여’가 운영하는 회사와의 관계

  ○ ○○언덕카페에서 등산을 갈 때 도시락과 식음료 등을 구매하게 되면 ○○디엔씨라는 회사에서 물품을 배송합니다. ○○디엔씨는 카페지기 ‘언덕을 향하여’의 친구인 차○영이라는 분이 운영하는 회사라고 합니다. ○○디엔씨에서 각종 음료수 및 도시락 등을 판매하는 사이트를 운영하고, ○○언덕카페에서 등산을 갈 때마다 음료수와 도시락을 판매하는 물품을 판매하는 사이트인 것 같습니다.

  ○ ○○디엔씨는 ○○언덕카페의 카페지기 ○○○(닉네임 언덕을 향하여)이 운영하는 ○○○라는 회사에서 ○○○ 및 운영관리를 한다고 ○○○홈페이지에 명시되어 있습니다.

  ○ 이는 ○○디엔씨가 ○○언덕 카페 내에서 등산을 갈 때마다 회원들을 위한 도시락이나 음료수 등을 공급하는지 원래 식료품을 판매하는 사람인지 의혹을 갖게 됩니다.

③ ○○디엔씨의 설립배경에 대한 의혹제기

　　○ 설립 시 출자금 중 대주주인 ○○디엔씨의 소유 50%(5,000만원) 지분은 ○○언덕카페의 수익금과 기부금으로 출자한 것으로 추정됩니다.

　　○ 영리를 목적으로 하는 ○○디엔씨에 투자가 되었는지, 왜 개인적인 영리가 목적인 ○○디엔씨가 설립되었는지 이는 정확하고 확실한 근거 있는 사유가 공개되어야 할 것입니다.

④ ○○언덕 카페의 사무실의 운영 의혹제기

　이하 생략하겠습니다.

⑤ ○○언덕 카페 내 바자회 물품 부분

　이하 생략하겠습니다.

(4) 피고소인의 고의

　가. 피고소인은 ○○○○. ○○. ○○. 오후 ○○:○○분 "○○언덕" 인터넷 카페 자유게시판에 자신의 닉네임(○○○ : 조○규)으로 언덕을 향하여(고소인의 닉네임)은 "○○언덕 카페의 희망인가?.", "돈만 아는 장사꾼인가?" 라는 제목으로 고소인을 비방할 목적으로 거짓의 사실을 드러내어 그 첫머리에 "지난번 회원 강제 퇴출과 관련 본인의 글이 카페에 게시된 후, 본인과 장○선과의 대립각이 형성되니" 와 같이 피고소인과 아래의 회원 강퇴 된 사람들은 지인들입니다.

　나. 피고소인의 지인인 고소 외 ○○○(닉네임 : ○○○○)은 아내의 출산 일주일 전인 ○○○○. ○○. ○○. ○○시내 모처에서 성매매를 하고 성관계 영상을 녹화하여, ○○○○. ○○. ○○. 경기도 남양주시에 소재한 "○○○" 클럽하우스(쉼터라고 소개하겠습니다)에서 회원들에게 그 영상을 보여주는 등 그 품행에 문제가 있는 것으로 판단되어 "○○언덕 카페의 회칙" 음란한 내용의 문서, 사진 등을 웹페이지에 게시하거나, 다른 통신수단을 이용하여 배포하는 경우 '오프라인 모임에서 이성간의 과다한 신체접촉 음담패설 등으로 상대방과 제3자에게 불쾌감을 주는 경우' 에 해당하여 고소인이 강제로 퇴출한 사실이 있습니다.

피고소인의 지인들인 고소 외 ○○○(닉네임 : ○○) 동 ○○○(닉네임 : ○○○) 소위 말하는'○○'라는 상세불명의 약초를 달여, 파우치형태의 제품을 허가 없이 제조하여 ○○언덕 카페의 회원들에게 대가를 받고 제공한 사실도 있었고, 고소 외 ○○○의 나체사진을 찍어 여성회원들에게 문자 전송하였고, 여성회원들에게 잦은 성희롱이 있었는가하면 불필요한 스킨십과 음담패설을 하였고, ○○언덕 카페의 여성회원들에게 차마 입에 담지 못할 모욕을 하는 등 문제가 발생되어 "○○언덕 카페의 회칙"에 의거하여 강제 퇴출하였습니다.

다. 중요한 것은 고소인을 비롯한 "○○언덕" 카페의 운영위원회에서 피고소인이 각종 거짓의 사실을 드러내어 악의적인 의도로 반복하여 게시한데 대하여 고소인은 ○○언덕 카페의 거래은행의 입출금내역, 각 거래처별 거래명세서 등의 증빙자료를 첨부하여 피고소인에게 보여주면서 허위사실 유포에 대한 책임을 묻겠다고 하자 피고소인은 많은 카페운영위원이 배석한 자리에서 '나의 목적은 진실을 아는 것이 아니라, 고소인을 깎아내리는 것이 목적이었다.' 라는 비방할 목적이 있었음을 주장을 한 것만 보더라도 피고소인은 의도적으로 고소인의 명예를 훼손하려는 고의가 있었음이 명백한 이상 엄벌에 처하여 주시기 바랍니다.

라. 덧붙여 피고소인은 고소인이 위 피고소인의 지인들에 대하여 민원이 끊이지 않아 정당한 절차에 의한 탈퇴를 처리하자 앙심을 품고 의도적으로 고소인을 비방할 목적으로 거짓의 사실을 드러내어 고소인의 명예를 훼손한 것입니다.

5. 고소이유

이미 고소인으로서는 이로 인한 피해 정도가 심각하여 돌이킬 수 없는 지경에 이르렀으므로 피고소인을 정보통신망 이용촉진 및 정보보호 등에 관한 법률 제70조 제2항 거짓의 사실을 드러내어 명예훼손죄로 처벌을 하기 위하여 이 사건 고소에 이른 것입니다.

6. 범죄의 성립근거

가. 피해자의 특정

고소인은 ○○언덕이라는 카페를 운영하는 카페지기로서 닉네임(언덕을 향하여)을 사용함으로써 고소인이 어디에서 무엇을 하고 있는 누구인지 알 수 있는 상태였기에 익명성이 보장된 인터넷 공간으로서 피해자인 고소인 본인이 충분히 특정 지어진 상태입니다.

따라서 고소인은 ○○언덕 카페의 운영위원회의 간부들과 피고소인을 만나 ○○언덕 카페의 거래은행의 입출금내역, 각 거래처별 거래명세서 등의 증빙자료를 첨부하여 피고소인에게 보여주면서 더 이상 거짓의 사실을 드러내어 허위사실유포에 대한 책임을 묻겠다고 종용한 사실도 있었습니다.

위와 같은 사정을 종합해 볼 때 피고소인의 고소인에 대한"○○언덕 카페의 야망인가?.","돈만 아는 장사꾼인가?"라는 제목을 포함된 댓글을 올린데 이어 확인되지 않은 각종 허위사실은 하루에도 ㅇ,○○○여명이 방문하는 ○○언덕 카페회원들이면 누구나 고소인을 비방하는 사실을 쉽게 알아차릴 수 있기 때문에 피해자가 특정된다고 볼 수 있습니다.

나. 공연성

○○언덕 카페는 현재까지 가입된 회원 수만 해도 무려 ○○,○○○명에 달하고 1일평균 방문하는 회원 수 또한 ㅇ,○○○명이 넘는 인터넷 커뮤니티로, ○○언덕 카페를 위해 등산의 정보와 경험을 공유하고자 설립되었으므로 ○○언덕 카페회원들 모두가 볼 수 있는 것이므로 공연성이 성립됩니다.

7. 증거자료

　□ 고소인은 고소인의 진술 외에 제출할 증거가 없습니다.

　■ 고소인은 고소인의 진술 외에 제출할 증거가 있습니다.

　　☞ 제출할 증거의 세부내역은 별지를 작성하여 첨부합니다.

8. 관련사건의 수사 및 재판여부

① 중복 고소여부	본 고소장과 같은 내용의 고소장을 다른 검찰청 또는 경찰서에 제출하거나 제출하였던 사실이 있습니다 □ / 없습니다 ■
② 관련 형사사건 수사유무	본 고소장에 기재된 범죄사실과 관련된 사건 또는 공범에 대하여 검찰청이나 경찰서에서 수사 중에 있습니다 □ / 수사 중에 있지 않습니다 ■
③ 관련 민사소송 유무	본 고소장에 기재된 범죄사실과 관련된 사건에 대하여 법원에서 민사소송 중에 있습니다 □ / 민사소송 중에 있지 않습니다 ■

9. 기타

　본 고소장에 기재한 내용은 고소인이 알고 있는 지식과 경험을 바탕으로 모두 사실대로 작성하였으며, 만일 허위사실을 고소하였을 때에는 형법 제156조 무고죄로 처벌받을 것임을 아울러 서약합니다.

○○○○ 년 ○○ 월 ○○ 일

위 고소인 : ○　○　○　　(인)

고양시 ○○경찰서장 귀중

별지 : 증거자료 세부 목록

　　(범죄사실 입증을 위해 제출하려는 증거에 대하여 아래 각 증거별로
해당 난을 구체적으로 작성해 주시기 바랍니다)

1. 인적증거

성 명	○ ○ ○	주민등록번호	생략	
주 소	경기도 고양시 ○○구 ○○로 ○○길 ○○○,		직업	회사원
전 화	(휴대폰) 010 - 1234 - 0000			
입증하려는 내 용	위 ○○○은 피고소인의 범행일체에 대하여 소상히 알고 있으므로 이를 입증하고자 합니다.			

2. 증거서류

순번	증 거	작성자	제출 유무	
1	캡처화면	피고소인	■ 접수시 제출	□ 수사 중 제출
2			□ 접수시 제출	□ 수사 중 제출
3			□ 접수시 제출	□ 수사 중 제출
4			□ 접수시 제출	□ 수사 중 제출
5			□ 접수시 제출	□ 수사 중 제출

3. 증거물

순번	증 거	소유자	제출 유무	
1	캡처화면	고소인	■ 접수시 제출	□ 수사 중 제출
2			□ 접수시 제출	□ 수사 중 제출
3			□ 접수시 제출	□ 수사 중 제출
4			□ 접수시 제출	□ 수사 중 제출
5			□ 접수시 제출	□ 수사 중 제출

4. 기타증거

　　추후 필요에 따라 제출하겠습니다.

고   소   장

고 소 인 : ○   ○   ○

피 고 소 인 : ○   ○   ○

부산시 해운대경찰서장 귀중

고　　소　　장

1. 고소인

성　　명	○ ○ ○	주민등록번호	생략
주　　소	부산시 해운대구 ○○로 ○○, ○○○-○○○○호		
직　　업	상업	사무실 주　소	생략
전　　화	(휴대폰) 010 - 2898 - 0000		
대리인에 의한 고　　소	□ 법정대리인 (성명 :　　　, 　　연락처　　　　　) □ 소송대리인 (성명 : 변호사, 　연락처　　　　　)		

2. 피고소인

아 이 디	zxcv0123@naver.com		
주　　소	무지		
직　　업	무지	사무실 주　소	무지
전　　화	(휴대폰) 무지		
기타사항	고소인과의 관계 - 친·인척관계 없습니다.		

3. 고소취지

고소인은 피고소인을 정보통신망 이용촉진 및 정보보호 등에 관한 법률 제70조 제2항 거짓의 사실을 드러낸 사이버명예훼손죄로 고소하오니 피고소인을 철저히 수사하여 법에 준엄함을 절실히 깨달을 수 있도록 엄벌에 처하여 주시기 바랍니다.

4. 범죄사실

(1) 적용법조

① 정보통신망 이용촉진 및 정보보호 등에 관한 법률 제70조 명예훼손죄제2항 거짓의 사실을 드러낸 명예훼손 혐의

사람을 비방할 목적으로 정보통신망을 통하여 공공연하게 거짓의 사실을 드러내어 다른 사람의 명예를 훼손한 자는 7년 이하의 징역, 10년 이하의 자격정지 또는 5,000만 원 이하의 벌금에 처하도록 돼 있습니다.

(2) 당사자관계

가. 고소인은 rokjhg83@naver.com으로 인스타그램 계정을 ○○○○. ○○. ○○.경 개설하여 등산회의 지인들과 소통하기 위하여 운영하고 있습니다.

나. 피고소인은 zxcv0123@naver.com이라는 아이디를 사용하고 1. ○○○○. ○○. ○○. ○○:○○, 2. ○○○○. ○○. ○○. ○○:○○, 3. ○○○○. ○○. ○○. ○○:○○, 고소인의 rokjhg83@naver.com인스타그램 SNS 에 접속하여 아래의 거짓의 사실을 드러내어 고소인의 명예를 훼손시켰으므로 정보통신망법 사이버명예훼손죄를 위반하였습니다.

(3) 거짓의 사실을 드러내어 명예훼손 행위

가. 고소인은 ○○○○. ○○. ○○. 15:20경 인스타그램 SNS를 통하여 지인들과 지리산 등산에 다녀온 뒤 스토리, 게시 글을 공유하고 있었는데 피

고소인은 ○○○○. ○○. ○○. 오후 ○○:○○분 접속하여 고소인의 사진을 보고'꼭 사기꾼 같이 생겼다. 정말 이상하다 사기꾼 같이 보기가 싫다'라는 글을 게시하여 고소인의 명예를 훼손시켰습니다.

나. 피고소인은 ○○○○. ○○. ○○. 오후 ○○:○○분 다시 접속하여'정말 사기꾼은 말도 그럴 듯하다 한심하다 이런 글을 누가 보느냐, 수준 떨어져 못 보겠다.'라는 글을 게시하여 고소인의 명예를 훼손시켰습니다.

다. 피고소인은 ○○○○. ○○. ○○. 오후 ○○:○○분 재차 접속하여 '사기꾼 아직 정신병원 안 갔나봐 헛소리 그만해라 당신 말 누가 믿겠나'라는 글을 게시하여 고소인의 명예를 훼손시켰습니다.

라. 피고소인은 위와 같이 확인되지 않은 거짓의 사실을 드러내어 고소인을 비방할 목적으로 악의적인 의도로 반복하여 게시함으로서 고소인의 명예를 심각하게 훼손시킨 사실이 있습니다.

(4) 피고소인의 고의

가. 피고소인은 고소인이 우리나라에서 가장 대중화된 SNS 라면 페이스북인 만큼 인스타그램은 전 세계가 널리 사용하는 SNS 종류로 가장 많은 정보가 공유되는 서비스의 계정이라는 점을 잘 알고 있으면서 고소인을 비방할 의도를 가지고 접속하여 전파가능성에 관한 인식이 있음은 물론이고 더 나아가 그 위험을 자초하고 용인하는 내심의 의사가 있습니다.

나. 고소인이 이에 삭제를 요구하고 정중히 사과하라고 요구하였음에도 피고소인은 게시 글을 삭제하지 않고 계속 무시한 것은 전파가능성을 용인하였고 외부에 나타난 행위의 형태와 행위의 상황 등 구체적인 사정을 기초로 하더라도 일반인이라면 그 전파가능성을 어떻게 평가할 것인가는 피고소인의 입장에서 그 심리상태를 추인한다 하더라도 고의성이 인정됩니다.

5. 고소이유

고소인으로서는 피고소인의 위와 같은 명예훼손 적 행위로 인한 피해 정도가 심각할 뿐만 아니라 피해 복구가 불가능하여 돌이킬 수 없는 지경에 이르렀으므로 피고소인을 정보통신망 이용촉진 및 정보보호 등에 관한 법률 제70조 제2항 거짓의 사실을 드러내어 명예훼손죄로 처벌을 하기 위하여 이 사건 고소에 이른 것입니다.

6. 범죄의 성립근거

가. 피해자의 특정

고소인은 인스타그램 아이디 rokjhg83@naver.com로 산악회의 회원과 가까운 지인들이 서로의 일상을 공유하는 스토리, 게시 글을 공유하는 것이므로 고소인이 어디에서 무슨 일을 하고 현재 무슨 영업를 하는 누구인지 알 수 있는 상태였기에 익명성이 보장된 인터넷 공간으로서 피해자인 고소인 본인이 충분히 특정 지어진 상태입니다.

한편, 고소인은 피고소인에게 위와 같이 게재된 거짓의 사실을 드러낸 게시 글의 삭제를 요구하였으나 삭제하지 않았고 정중한 사과를 요구하였음에도 이에 아랑곳하지 않고 계속해서 거짓의 사실을 드러내어 고소인의 명예를 훼손시킨 행위에 대한 책임을 묻겠다고 종용한 사실도 있었습니다.

위와 같은 사정을 종합해 볼 때 피고소인의 고소인에 대한 (1)'꼭 사기꾼 같이 생겼다. 정말 이상하다 사기꾼 같이 보기가 싫다'(2)'정말 사기꾼은 말도 그럴 듯하다 한심하다 이런 글을 누가 보느냐, 수준 떨어져 못 보겠다. (3)'사기꾼 아직 정신병원 안 갔나봐 헛소리 그만해라 당신 말 누가 믿겠나.'는 거짓의 사실을 드러내어 명예훼손 적 내용은 수도 없이 방문하는 산악회 회원이나 지인들이 소식을 듣고자 접속하는 분들이면 누구나 고소인을 비방하는 사실을 쉽게 알아차릴 수 있었기 때문에 피해자가 특정된다고 볼 수 있습니다.

나. 공연성

    고소인이 운영하는 인스타그램은 rokjhg83@naver.com은 현재까지 가입된 산악회 회원이나 친구들만 해도 무려 ○,○○○명에 달하고 1일평균 일상을 공유하는 친구들만 해도 ○,○○○명이 넘을 정도로 가장 많은 정보가 공유되는 서비스입니다.

    때문에 공연성이 성립됩니다.

7. 증거자료

  □ 고소인은 고소인의 진술 외에 제출할 증거가 없습니다.

  ■ 고소인은 고소인의 진술 외에 제출할 증거가 있습니다.

    ☞ 제출할 증거의 세부내역은 별지를 작성하여 첨부합니다.

8. 관련사건의 수사 및 재판여부

① 중복 고소여부	본 고소장과 같은 내용의 고소장을 다른 검찰청 또는 경찰서에 제출하거나 제출하였던 사실이 있습니다 □ / 없습니다 ■
② 관련 형사사건 수사유무	본 고소장에 기재된 범죄사실과 관련된 사건 또는 공범에 대하여 검찰청이나 경찰서에서 수사 중에 있습니다 □ / 수사 중에 있지 않습니다 ■
③ 관련 민사소송 유무	본 고소장에 기재된 범죄사실과 관련된 사건에 대하여 법원에서 민사소송 중에 있습니다 □ / 민사소송 중에 있지 않습니다 ■

9. 기타

  본 고소장에 기재한 내용은 고소인이 알고 있는 지식과 경험을 바탕으로 모두 사실대로 작성하였으며, 만일 허위사실을 고소하였을 때에는 형법 제156조 무고죄로 처벌받을 것임을 아울러 서약합니다.

            ○○○○ 년 ○○ 월 ○○ 일

                          위 고소인 : ○ ○ ○   (인)

부산시 해운대경찰서장 귀중

별지 : 증거자료 세부 목록

　　　(범죄사실 입증을 위해 제출하려는 증거에 대하여 아래 각 증거별로
　　　해당 난을 구체적으로 작성해 주시기 바랍니다)

1. 인적증거

성 명	○ ○ ○	주민등록번호	생략	
주 소	부산시 ○○구 ○○로 ○○길 ○○○,		직업	개인사업
전 화	(휴대폰) 010 - 1234 - 0000			
입증하려는 내 용	위 ○○○은 피고소인의 범행일체에 대하여 소상히 알고 있으므로 이를 입증하고자 합니다.			

2. 증거서류

순번	증 거	작성자	제출 유무	
1	캡처화면	피고소인	■ 접수시 제출	□ 수사 중 제출
2	캡처화면	고소인	■ 접수시 제출	□ 수사 중 제출
3			□ 접수시 제출	□ 수사 중 제출
4			□ 접수시 제출	□ 수사 중 제출
5			□ 접수시 제출	□ 수사 중 제출

3. 증거물

순번	증 거	소유자	제출 유무	
1	캡처화면	고소인	■ 접수시 제출	□ 수사 중 제출
2			□ 접수시 제출	□ 수사 중 제출
3			□ 접수시 제출	□ 수사 중 제출
4			□ 접수시 제출	□ 수사 중 제출
5			□ 접수시 제출	□ 수사 중 제출

4. 기타증거

　　　추후 필요에 따라 제출하겠습니다.

【고소장(12)】 사이버명예훼손 페이스북 계정에 비방의 목적으로 거짓의 사실을 드러내어 처벌을 요구하는 고소장 최신서식

고 소 장

고 소 인 : ○   ○   ○

피 고 소 인 : ○   ○   ○

충북 충주경찰서장 귀중

고 소 장

1. 고소인

성 명	○ ○ ○	주민등록번호	생략
주 소	충청북도 청주시 ○○로 ○○, ○○○-○○○○호		
직 업	상업	사무실 주 소	생략
전 화	(휴대폰) 010 - 2789 - 0000		
대리인에 의한 고 소	☐ 법정대리인 (성명 : , 연락처) ☐ 소송대리인 (성명 : 변호사, 연락처)		

2. 피고소인

아 이 디	r3aper1234@naver.com		
주 소	무지		
직 업	무지	사무실 주 소	무지
전 화	(휴대폰) 무지		
기타사항	고소인과의 관계 - 친·인척관계 없습니다.		

3. 고소취지

고소인은 피고소인을 정보통신망 이용촉진 및 정보보호 등에 관한 법률 제70조 제2항 거짓의 사실을 드러내어 명예훼손죄로 고소하오니 피고소인을 철저히 수사하여 법에 준엄함을 절실히 깨달을 수 있도록 엄벌에 처하여 주시기 바랍니다.

4. 범죄사실

(1) 적용법조

① 정보통신망 이용촉진 및 정보보호 등에 관한 법률 제70조 명예훼손죄제2항

사람을 비방할 목적으로 정보통신망을 통하여 공공연하게 거짓의 사실을 드러내어 다른 사람의 명예를 훼손한 자는 7년 이하의 징역, 10년 이하의 자격정지 또는 5,000만 원 이하의 벌금에 처하도록 돼 있습니다.

(2) 당사자관계

가. 고소인은 주소지에'농수산물영농단체'라는 상호로 일상 생활에서 유익한 정보를 공유하기 위해 페이스북 아이디 asd0099@naver.com을 ○○○○. ○○. ○○.경 개설하여 운영하고 있습니다.

나. 피고소인은 r3aper1234@naver.com이라는 아이디를 사용하고 있는데 이래와 같은 일시에

1. ○○○○. ○○. ○○. ○○:○○,

2. ○○○○. ○○. ○○. ○○:○○,

3. ○○○○. ○○. ○○. ○○:○○,

3회에 걸쳐 고소인의 페이스북에 접속하여 아래의 거짓의 사실을 드러내어 고소인의 명예를 훼손시켰으므로 정보통신망법 사이버명예훼손죄를 위반하였습니다.

(3) 거짓의 사실을 드러내어 명예훼손 행위

　　가. 고소인은 페이스북을 통하여 충주시내 유명한 맛 집을 소개하고 사진과 함께 안내하는 글을 올렸는데 피고소인은 ○○○○. ○○. ○○. 12:03분 고소인의 페이스북 아이디 asd0099@naver.com에 자신의 r3aper1234@naver.com로 접속하여'그렇게도 사기 칠 것이 없어서 먹는 것 가지고 사기 치냐 맛도 없는 집인데'라는 글을 게시하여 고소인의 명예를 훼손시켰습니다.

　　나. 피고소인은 ○○○○. ○○. ○○. 오전 ○○:○○분 고소인의 페이스북 아이디 asd0099@naver.com에 자신의 r3aper1234@naver.com로 다시 접속하여'정말 한심하다 이런 글을 누가 보느냐, 수준 떨어져 못 보겠다. 맛도 없는 집만 골라서 소개하냐'라는 글을 게시하여 고소인의 명예를 훼손시켰습니다.

　　다. 피고소인은 ○○○○. ○○. ○○. 오후 ○○:○○분 고소인의 페이스북 아이디 asd0099@naver.com에 자신의 r3aper1234@naver.com로 재차 접속하여'아직 정신병원 안 갔나봐 헛소리 그만해라 당신 말을 누가 믿겠나.'라는 글을 게시하여 고소인의 명예를 훼손시켰습니다.

　　라. 피고소인은 위와 같이 확인되지 않은 거짓의 사실을 드러내어 악의적인 의도로 반복하여 게시함으로서 고소인의 명예를 심각하게 훼손시켜 사이버명예훼손죄를 위반하였습니다.

(4) 피고소인의 고의

　　가. 피고소인은 고소인이 가장 대중화된 SNS 라면 페이스북은 전 세계가 널리 사용하는 SNS 종류로 가장 많은 정보가 공유되는 서비스의 계정이라는 점을 알고, 고소인을 비방할 의도를 가지고 접속하였으므로 전파가능성에 관한 인식이 있음은 물론 나아가 그 위험을 용인하는 내심의 의사 또한 가지고 있었습니다.

　　나. 고소인이 게시 글의 삭제를 요구하고 정중히 사과를 요구하였음에도 불구하고 게시 글을 삭제하지 않은 것은 전파가능성을 용인하고 있었으므로 외부에 나타난 행위의 형태와 행위의 상황 등 구체적인 사정을 기초

로 하더라도 일반인이라면 그 전파가능성을 어떻게 평가할 것인가는 피고소인의 입장에서 그 심리상태를 추인하더라도 고의성이 인정된다고 사료됩니다.

5. 고소이유

고소인으로서는 피고소인의 위와 같은 명예훼손 적 행위로 인한 피해 정도가 심각할 뿐만 아니라 피해 복구가 불가능하여 돌이킬 수 없는 지경에 이르렀으므로 피고소인을 정보통신망 이용촉진 및 정보보호 등에 관한 법률 제70조 제2항 거짓의 사실을 드러낸 사이버명예훼손죄로 처벌을 하기 위하여 이 사건 고소에 이른 것입니다.

6. 범죄의 성립근거

가. 피해자의 특정

고소인은 페이스북 아이디 asd0099@naver.com에서 '농수산물영농단체'라는 상호로 일상생활에서 유익한 정보를 공유하기 위해 운영하고 있으므로 고소인이 어디에서 무엇을 하고 있는 누구인지 알 수 있는 상태였기에 익명성이 보장된 인터넷 공간으로서 피해자인 고소인 본인이 충분히 특정 지어진 상태입니다.

한편, 고소인은 피고소인에게 위와 같이 거짓의 사실을 드러낸 게시 글의 삭제를 요구하였으나 삭제하지 않고 사과를 하지 않아 거짓의 사실을 드러내어 고소인의 명예를 훼손시킨 명예훼손에 대한 책임을 묻겠다고 종용한 사실도 있었습니다.

위와 같은 사정을 종합해 볼 때 피고소인의 고소인에 대한 위 1.'그렇게도 사기 칠 것이 없어서 먹는 것 가지고 사기 치냐 맛도 없는 집인데'2.'정말 한심하다 이런 글을 누가 보느냐, 수준 떨어져 못 보겠다. 얼마나 받고 맛도 없는 집만 골라서 소개하느냐'3.'아직 정신병원 안 갔나봐 헛소리 그만해라 당신 말 누가 믿겠나.'는 거짓의 사실을 드러내어 명예훼손 적 내용은 하루에도 ○,○○○여명이 방문하기 때문에 고소인이 운영하는 페이스북 아이디 asd0099@naver.com'아름다운마을'에 접속하는 분들은 누구나 고소인을 비방하는 사실을 쉽게 알아차릴 수 있었기 때문에 피해자가 특정된다고 볼 수 있습니다.

나. 공연성

고소인이 운영하는 페이스북 아이디 asd0099@naver.com'농수산물영농단체'는 현재까지 가입된 회원 수만 해도 무려 ○○,○○○명에 달하고 1일평균 방문하는 회원 수 또한 ○,○○○명이 넘는 SNS 종류가 가장 많은 정보가 공유되는 서비스이기 때문에 공연성이 성립됩니다.

7. 증거자료

　　□ 고소인은 고소인의 진술 외에 제출할 증거가 없습니다.

　　■ 고소인은 고소인의 진술 외에 제출할 증거가 있습니다.

　　　☞ 제출할 증거의 세부내역은 별지를 작성하여 첨부합니다.

8. 관련사건의 수사 및 재판여부

① 중복 고소여부	본 고소장과 같은 내용의 고소장을 다른 검찰청 또는 경찰서에 제출하거나 제출하였던 사실이 있습니다 □ / 없습니다 ■
② 관련 형사사건 수사유무	본 고소장에 기재된 범죄사실과 관련된 사건 또는 공범에 대하여 검찰청이나 경찰서에서 수사 중에 있습니다 □ / 수사 중에 있지 않습니다 ■
③ 관련 민사소송 유무	본 고소장에 기재된 범죄사실과 관련된 사건에 대하여 법원에서 민사소송 중에 있습니다 □ / 민사소송 중에 있지 않습니다 ■

9. 기타

　　본 고소장에 기재한 내용은 고소인이 알고 있는 지식과 경험을 바탕으로 모두 사실대로 작성하였으며, 만일 허위사실을 고소하였을 때에는 형법 제156조 무고죄로 처벌받을 것임을 아울러 서약합니다.

　　　　　　○○○○ 년 ○○ 월 ○○ 일

　　　　　　　　　위 고소인 : ○　○　○　　(인)

충북 충주경찰서장 귀중

별지 : 증거자료 세부 목록

(범죄사실 입증을 위해 제출하려는 증거에 대하여 아래 각 증거별로 해당 난을 구체적으로 작성해 주시기 바랍니다)

1. 인적증거

성 명	○ ○ ○	주민등록번호		생략	
주 소	충북 충주시 ○○로 ○○길 ○○○,			직업	회사원
전 화	(휴대폰) 010 - 1234 - 0000				
입증하려는 내 용	위 ○○○은 피고소인의 범행일체에 대하여 소상히 알고 있으므로 이를 입증하고자 합니다.				

2. 증거서류

순번	증 거	작성자	제출 유무	
1	캡처화면	피고소인	■ 접수시 제출	□ 수사 중 제출
2	캡처화면	고소인	■ 접수시 제출	□ 수사 중 제출
3			□ 접수시 제출	□ 수사 중 제출
4			□ 접수시 제출	□ 수사 중 제출
5			□ 접수시 제출	□ 수사 중 제출

3. 증거물

순번	증 거	소유자	제출 유무	
1	캡처화면	고소인	■ 접수시 제출	□ 수사 중 제출
2			□ 접수시 제출	□ 수사 중 제출
3			□ 접수시 제출	□ 수사 중 제출
4			□ 접수시 제출	□ 수사 중 제출
5			□ 접수시 제출	□ 수사 중 제출

4. 기타증거

추후 필요에 따라 제출하겠습니다.

【고소장(13)】 사이버명예훼손 아파트입주민 소통의 공간 단체 카톡 방에 거짓
의 사실을 드러내어 처벌요구 고소장 최신서식

고　　소　　장

고　소　인　:　○　　　○　　　○

피고소인　:　○　　　○　　　○

경기도 김포경찰서장 귀중

고 소 장

1. 고소인

성 명	○ ○ ○	주민등록번호	생략
주 소	경기도 김포시 ○○로 ○○, ○○○-○○○○호		
직 업	상업	사무실 주 소	생략
전 화	(휴대폰) 010 - 2678 - 0000		
대리인에 의한 고 소	☐ 법정대리인 (성명 : , 연락처) ☐ 소송대리인 (성명 : 변호사, 연락처)		

2. 피고소인

성 명	○ ○ ○	주민등록번호	생략
주 소	경기도 김포시 ○○로 ○○, ○○○-○○○호		
직 업	무지	사무실 주 소	생략
전 화	(휴대폰) 010 - 3388 - 0000		
기타사항	피고소인과의 관계 - 친인척관계 없습니다.		

3. 고소취지

고소인은 피고소인을 정보통신망 이용촉진 및 정보보호 등에 관한 법률 제70조(이하, 다음부터는 '정보통신망법'으로 줄여 쓰겠습니다) 제2항 거짓의 사실을 드러낸 명예훼손죄로 고소하오니 피고소인을 철저히 수사하여 법에 준엄함을 깨달을 수 있도록 엄벌에 처하여 주시기 바랍니다.

4. 범죄사실

(1) 적용법조

① 정보통신망법 제70조 제2항 거짓의 사실을 드러내어 명예훼손죄

사람을 비방할 목적으로 정보통신망을 통하여 공공연하게 거짓의 사실을 드러내어 다른 사람의 명예를 훼손한 자는 7년 이하의 징역, 10년 이하의 자격정지 또는 5,000만 원 이하의 벌금에 처하도록 돼 있습니다.

(2) 당사자관계

가. 고소인은 주소지 ○○아파트에 거주하는 주민으로 단지 내 상가에서상호 '○○부동산'을 운영하고 있고 위 ○○아파트 주민들의 편의를 도모하기 위해 개설된 단체 카톡 방 '○○아파트 너'에 회원으로 등록 돼 있습니다.

나. 피고소인은 위 ○○아파트에 거주하면서 위 '○○아파트 너'에 같은 회원으로 등록 돼 있습니다.

(3) 거짓의 사실을 드러내어 명예훼손 행위

가. 고소인은 위 '○○아파트 너'를 통하여 주민들의 편의를 위한 부동산과 관련한 정보를 게재하고 공유하고 있습니다. 더불어 단지 내 주민들의 문의사항도 빠짐없이 소통하고 있습니다.

나. 피고소인은 단지 내 상가에서 같은 부동산을 운영하는 고소 와 ○○○의

동생으로서 고소인을 비방할 목적으로 위'○○아파트 너'에 접속하여 아래와 같이 비방할 목적으로 확인되지 않은 거짓의 사실을 드러내어 악의적인 의도로 반복하여 위'○○아파트 너'단체 카톡 방에 게시함으로서 고소인의 명예를 심각하게 훼손시켜 사이버명예훼손죄를 위반하였습니다.

1. ○○○○. ○○. ○○. 14:45 고소인이 운영하는 부동산은 허위매물을 가장하여 장난을 피고 있다.

2. ○○○○. ○○. ○○. 11:23 고소인이 단지 내 주민 ○○○와 어디에서 장어를 먹고 투자를 권유했다.

3. ○○○○. ○○. ○○. 16:17 고소인은 단지 내 ○○○호를 소개하면서 얼마 되지 않아 부동산이 엄청 오를 것이라는 거짓말을 하여 부동산하락으로 엄청 손해를 끼쳐 형사고소 당할 처지에 있다.

(4) 피고소인의 고의

가. 피고소인은 위'○○아파트 너'단체 카톡 방은 전체 ○○아파트의 주민이면 누구나 접속하면 많은 정보가 공유되는 서비스의 계정이라는 점을 잘 알고, 고소인을 비방할 의도를 가지고 접속하였으므로 전파가능성에 관한 인식이 있음은 물론이고 나아가 그 위험을 용인하는 내심의 의사를 가지고 있었으므로 정보통신망법의 법 정의에 나와 있듯이 명예훼손의 고의가 인정됩니다.

나. 고소인이 피고소인에게 위 게시 글의 삭제를 요구하고 정중히 사과를 요구하였음에도 불구하고 피고소인이 위 게시 글을 삭제하지 않은 것은 이미 명예훼손 적 표현에 대한 전파가능성을 용인하고 있었으므로 외부에 나타난 행위의 형태와 행위의 상황 등 구체적인 사정을 기초로 하더라도 일반인이라면 그 전파가능성을 어떻게 평가할 것인가는 피고소인의 입장에서 그 심리상태를 추인하더라도 고의성이 충분히 인정된다고 사료됩니다.

5. 고소이유

고소인으로서는 피고소인의 위와 같이 위'○○아파트 너'단체 카톡 방은 특성에 따라 전체주민에게 전파되어 명예훼손 적 행위로 인한 피해의 정도가 심각할 뿐만 아니라 피해 복구가 불가능하여 돌이킬 수 없는 지경에 이르렀으므로 고소인은 피고소인을 정보통신망 이용촉진 및 정보보호 등에 관한 법률 제70조 제2항 거짓의 사실을 드러낸 사이버명예훼손 죄로 처벌을 하기 위하여 이 사건 고소에 이른 것입니다.

6. 범죄의 성립근거

가. 피해자의 특정

고소인은 수시로 위'○○아파트 너'단체 카톡 방에 접속하여 부동산 관련 정보를 공유하고 있고 ○○아파트 입주민이라면 누구나 고소인의 아이디만 보더라도 ○○부동산을 운영하는 것으로 알 수 있는 상태였기에 익명성이 보장된 인터넷 공간으로서 피해자인 고소인 본인이 충분히 특정 지어진 상태입니다.

한편, 고소인은 피고소인에게 위와 같이 거짓의 사실을 드러낸 게시 글의 삭제를 요구하였으나 삭제하지 않고 사과를 하지 않아 거짓의 사실을 드러내어 고소인의 명예를 훼손시킨 명예훼손에 대한 책임을 묻겠다고 종용한 사실도 있었습니다.

위와 같은 사정을 종합해 볼 때 피고소인의 고소인에 대한 1. ○○○○. ○○. ○○. 14:45 고소인이 운영하는 부동산은 허위매물을 가장하여 장난을 피고 있다.2. ○○○○. ○○. ○○. 11:23 고소인이 단지 내 주민 ○○○와 어디에서 장어를 먹고 투자를 권유했다.3, ○○○○. ○○. ○○. 16:17 고소인은 단지 내 ○○○호를 소개하면서 얼마 되지 않아 부동산이 엄청 오를 것이라는 거짓말을 하여 부동산하락으로 엄청 손해를 끼쳐 형사고소 당할 처지에 있다. 라는 게시 글은 ○○아파트 입주민들이면 누구나 고소인을 비방하는 사실을 쉽게 알아차릴 수 있었기 때문에 피해자가 특정됩니다.

나. 공연성

○○아파트 입주민들이 수사로 접속하는 위'○○아파트 너'단체 카톡 방은 현재까지 가입된 회원 수만 해도 무려 ○,○○○명에 달하고 1일평균 방문하는 회원 수 또한 ○○○명이 넘는 서비스이기 때문에 공연성이 성립됩니다.

7. 증거자료

  □ 고소인은 고소인의 진술 외에 제출할 증거가 없습니다.
  ■ 고소인은 고소인의 진술 외에 제출할 증거가 있습니다.
    ☞ 제출할 증거의 세부내역은 별지를 작성하여 첨부합니다.

8. 관련사건의 수사 및 재판여부

① 중복 고소여부	본 고소장과 같은 내용의 고소장을 다른 검찰청 또는 경찰서에 제출하거나 제출하였던 사실이 있습니다 □ / 없습니다 ■
② 관련 형사사건 수사유무	본 고소장에 기재된 범죄사실과 관련된 사건 또는 공범에 대하여 검찰청이나 경찰서에서 수사 중에 있습니다 □ / 수사 중에 있지 않습니다 ■
③ 관련 민사소송 유무	본 고소장에 기재된 범죄사실과 관련된 사건에 대하여 법원에서 민사소송 중에 있습니다 □ / 민사소송 중에 있지 않습니다 ■

9. 기타

  본 고소장에 기재한 내용은 고소인이 알고 있는 지식과 경험을 바탕으로 모두 사실대로 작성하였으며, 만일 허위사실을 고소하였을 때에는 형법 제156조 무고죄로 처벌받을 것임을 아울러 서약합니다.

○○○○ 년 ○○ 월 ○○ 일

위 고소인 : ○ ○ ○   (인)

경기도 김포경찰서장 귀중

별지 : 증거자료 세부 목록

    (범죄사실 입증을 위해 제출하려는 증거에 대하여 아래 각 증거별로 해당 난을 구체적으로 작성해 주시기 바랍니다)

1. 인적증거

성 명	○ ○ ○	주민등록번호	생략	
주 소	김포시 ○○로 ○○길 ○○○,		직업	회사원
전 화	(휴대폰) 010 - 3456 - 0000			
입증하려는 내 용	위 ○○○은 피고소인의 범행일체에 대하여 소상히 알고 있으므로 이를 입증하고자 합니다.			

2. 증거서류

순번	증 거	작성자	제출 유무	
1	캡처화면	피고소인	■ 접수시 제출	□ 수사 중 제출
2	캡처화면	고소인	■ 접수시 제출	□ 수사 중 제출
3			□ 접수시 제출	□ 수사 중 제출
4			□ 접수시 제출	□ 수사 중 제출
5			□ 접수시 제출	□ 수사 중 제출

3. 증거물

순번	증 거	소유자	제출 유무	
1	캡처화면	고소인	■ 접수시 제출	□ 수사 중 제출
2			□ 접수시 제출	□ 수사 중 제출
3			□ 접수시 제출	□ 수사 중 제출
4			□ 접수시 제출	□ 수사 중 제출
5			□ 접수시 제출	□ 수사 중 제출

4. 기타증거

    추후 필요에 따라 제출하겠습니다.

【고소장(14)】 사이버명예훼손 비방의 목적으로 사내 게시판에 거짓의 사실을
드러내어 처벌을 요구하는 고소장 최신서식

고   소   장

고 소 인 : ○   ○   ○

피 고 소 인 : ○   ○   ○

서울 강남경찰서장 귀중

고   소   장

1. 고소인

성 명	○ ○ ○	주민등록번호	생략
주 소	경기도 성남시 ○○구 ○○로 ○○, ○○○-○○○호		
직 업	회사원	사무실 주 소	생략
전 화	(휴대폰) 010 - 5598 - 0000		
대리인에 의한 고 소	☐ 법정대리인 (성명 : , 연락처) ☐ 소송대리인 (성명 : 변호사, 연락처)		

2. 피고소인

성 명	○ ○ ○	주민등록번호	생략
주 소	경기도 김포시 ○○로 ○○, ○○○-○○○호		
직 업	무지	사무실 주 소	생략
전 화	(휴대폰) 010 - 3388 - 0000		
기타사상	피고소인과의 관계 친·인척관계 없습니다.		

3. 고소취지

고소인은 피고소인을 정보통신망 이용촉진 및 정보보호 등에 관한 법률 제70조(이하, 다음부터는'정보통신망법'으로 줄여 쓰겠습니다) 제2항 거짓의 사실을 드러낸 명예훼손죄로 고소하오니 피고소인을 철저히 수사하여 법에 준엄함을 깨달을 수 있도록 엄벌에 처하여 주시기 바랍니다.

4. 범죄사실

(1) 적용법조

① 정보통신망법 제70조 제2항 거짓의 사실을 드러내어 명예훼손죄

사람을 비방할 목적으로 정보통신망을 통하여 공공연하게 거짓의 사실을 드러내어 다른 사람의 명예를 훼손한 자는 7년 이하의 징역, 10년 이하의 자격정지 또는 5,000만 원 이하의 벌금에 처하도록 돼 있습니다.

(2) 당사자관계

가. 고소인은 주소지에서 거주하고 서울시 강남구 ○○로 ○길 ○○, ○○빌딩 ○○○호 주식회사 ○○산업개발(이하, 앞으로는'산업개발'로 줄여 쓰겠습니다)에 자재과장으로 근무하고 있습니다.

나. 피고소인은 같은 산업개발에 고소인과 같은 과에 근무하는 여직원입니다.

(3) 사내 게시판의 성질

가. 위 산업개발은 전 직원의 업무를 원활하게 진행하려는 목적으로 전체 직원들이 수시로 접속하여 볼 수 개방형 사내 게시판입니다.

나. 업무와 관련된 사항을 전체 직원들이 공유하는 곳입니다. 그런데 직원들이 사적으로 오고가는 대화방으로 이 뜻한 직원들이 아이디로 접속하면 오고간 대화내용도 볼 수 있는 개방형 게시판에 가깝습니다.

(4) 거짓의 사실을 드러내어 명예훼손

가. 고소인은 업무와 관련하여 타 부서에 보낼 서류가 있어서 ○○○○. ○○. ○○. 14:09경 사내 게시판에 전속하였는데 피고소인이 고소인을 비방할 목적으로 확인되지 않은 거짓의 사실을 드러내어 악의적인 의도로 반복하여 게시함으로서 고소인의 명예를 심각하게 훼손시켜 사이버명예훼손죄를 위반하였습니다.

1. ○○○○. ○○. ○○. 14:45 고소인이 자재과에 근무하는 모 여직원을 상대로 성추행을 하였다네요.

2. ○○○○. ○○. ○○. 11:23 아마 징계위원화에 회부되어 고소인은 하루아침에 오리 알이 됩니다.

3. ○○○○. ○○. ○○. 16:17 징그러워요 그 모습으로 어찌살지 걱정된다. 얼마나 답답할까. 잘가요.

(5) 피고소인의 고의

가. 피고소인은 사내 게판판은 업무용 개방형이라 산업개발의 직원이면 누구나 접속하여 볼 수 있다는 점을 잘 알고, 고소인을 비방할 의도를 가지고 접속하였으므로 전파가능성에 관한 인식이 있음은 물론이고 나아가 그 위험을 용인하는 내심의 의사를 가지고 있었다고 봄이 상당하므로 정보통신망법의 법 정의에 나와 있듯이 명예훼손의 고의가 인정된다고 할 수 있습니다.

나. 고소인이 피고소인에게 당해 게시 글의 삭제를 요구하고 정중히 사과를 요구하였음에도 불구하고 피고소인이 위 게시 글을 상당한 시일이 지체된 상태에서 삭제한 것으로 볼 때 이미 명예훼손 적 표현에 대한 전파가능성을 용인하고 있었으므로 외부에 나타난 행위의 형태와 행위의 상황등 구체적인 사정을 기초로 하더라도 일반인이라면 그 전파가능성을 어떻게 평가할 것인가는 피고소인의 입장에서 그 심리상태를 추인하더라도 고의성이 충분히 인정된다고 사료됩니다.

5. 고소이유

고소인으로서는 피고소인의 위와 같은 비방의 게시 글은 특성에 따라 산업개발의 전체 직원에게 전파되어 명예훼손 적 행위로 인한 피해의 정도가 심각할 뿐만 아니라 피해 복구가 불가능하여 돌이킬 수 없는 지경에 이르렀으므로 고소인은 피고소인을 정보통신망 이용촉진 및 정보보호 등에 관한 법률 제70조 제2항 거짓의 사실을 드러낸 사이버명예훼손 죄로 처벌을 하기 위하여 이 사건 고소에 이른 것입니다.

6. 범죄의 성립근거

가. 피해자의 특정

산업개발의 전 직원들이 수시로 업무와 관련하여 접속하여 정보를 공유하고 있으므로 산업개발의 직원이면 누구나 고소인의 아이디만 보더라도 자재과장이고 고소인으로 알 수 있는 상태였기에 익명성이 보장된 인터넷 공간으로서 피해자인 고소인 본인이 충분히 특정 지어진 상태입니다.

한편, 고소인은 피고소인에게 위와 같이 거짓의 사실을 드러낸 게시 글의 삭제를 요구하였으나 당장 삭제하지 않고 마루어온 점 사과를 하지 않았기 때문에 거짓의 사실을 드러내어 고소인의 명예를 훼손시킨 명예훼손에 대한 책임을 묻겠다고 종용한 사실도 있었습니다.

위와 같은 사정을 종합해 볼 때 피고소인의 고소인에 대한 1. ○○○○. ○○. ○○. 14:45 고소인이 자재과에 근무하는 모 여직원을 상대로 성추행을 하였다네요, 2. ○○○○. ○○. ○○. 11:23 아마 징계위원화에 회부되어 고소인은 하루아침에 오리 알이 됩니다. 3, ○○○○. ○○. ○○. 16:17 징그러워요 그 모습으로 어찌살지 걱정된다.얼마나 답답할까. 잘 가요. 라는 게시 글은 산업개발에 근무하는 직원들은 피고소인이 고소인을 비방하는 사실을 쉽게 알아차릴 수 있었기 때문에 피해자가 특정됩니다.

나. 공연성

산업개발 직원들이 수사로 접속하여 업무와 관련하여 정보를 공유하는 게시판이므로 산업개발의 직원은 190여명에 달하고 1일 평균 10여명은 접속하므로 공연성이 성립됩니다.

7. 증거자료

□ 고소인은 고소인의 진술 외에 제출할 증거가 없습니다.

■ 고소인은 고소인의 진술 외에 제출할 증거가 있습니다.

☞ 제출할 증거의 세부내역은 별지를 작성하여 첨부합니다.

8. 관련사건의 수사 및 재판여부

① 중복 고소여부	본 고소장과 같은 내용의 고소장을 다른 검찰청 또는 경찰서에 제출하거나 제출하였던 사실이 있습니다 □ / 없습니다 ■
② 관련 형사사건 수사유무	본 고소장에 기재된 범죄사실과 관련된 사건 또는 공범에 대하여 검찰청이나 경찰서에서 수사 중에 있습니다 □ / 수사 중에 있지 않습니다 ■
③ 관련 민사소송 유무	본 고소장에 기재된 범죄사실과 관련된 사건에 대하여 법원에서 민사소송 중에 있습니다 □ / 민사소송 중에 있지 않습니다 ■

9. 기타

본 고소장에 기재한 내용은 고소인이 알고 있는 지식과 경험을 바탕으로 모두 사실대로 작성하였으며, 만일 허위사실을 고소하였을 때에는 형법 제156조 무고죄로 처벌받을 것임을 아울러 서약합니다.

○○○○ 년 ○○ 월 ○○ 일

위 고소인 : ○ ○ ○ (인)

서울 강남경찰서장 귀중

별지 : 증거자료 세부 목록

    (범죄사실 입증을 위해 제출하려는 증거에 대하여 아래 각 증거별로 해당 난을 구체적으로 작성해 주시기 바랍니다)

1. 인적증거

성 명	○ ○ ○	주민등록번호	생략	
주 소	서울시 ○○구 ○○로 ○○길 ○○○,		직업	회사원
전 화	(휴대폰) 010 - 3456 - 0000			
입증하려는 내 용	위 ○○○은 피고소인의 범행일체에 대하여 소상히 알고 있으므로 이를 입증하고자 합니다.			

2. 증거서류

순번	증 거	작성자	제출 유무	
1	캡처화면	피고소인	■ 접수시 제출	□ 수사 중 제출
2	캡처화면	고소인	■ 접수시 제출	□ 수사 중 제출
3			□ 접수시 제출	□ 수사 중 제출
4			□ 접수시 제출	□ 수사 중 제출
5			□ 접수시 제출	□ 수사 중 제출

3. 증거물

순번	증 거	소유자	제출 유무	
1	캡처화면	고소인	■ 접수시 제출	□ 수사 중 제출
2			□ 접수시 제출	□ 수사 중 제출
3			□ 접수시 제출	□ 수사 중 제출
4			□ 접수시 제출	□ 수사 중 제출
5			□ 접수시 제출	□ 수사 중 제출

4. 기타증거

    추후 필요에 따라 제출하겠습니다.

고   소   장

고 소 인 : ○   ○   ○

피 고 소 인 : ○   ○   ○

청주시 ○○경찰서장 귀중

고   소   장

1. 고소인

성 명	○ ○ ○	주민등록번호	생략
주 소	청주시 ○○구 ○○로 ○○, ○○○-○○○호		
직 업	개인사업	사무실 주 소	생략
전 화	(휴대폰) 010 - 5598 - 0000		
대리인에 의한 고 소	☐ 법정대리인 (성명 : , 연락처) ☐ 소송대리인 (성명 : 변호사, 연락처)		

2. 피고소인

성 명	○ ○ ○	주민등록번호	생략
주 소	청주시 ○○구 ○○로 ○○, ○○○-○○○호		
직 업	무지	사무실 주 소	생략
전 화	(휴대폰) 010 - 8234 - 0000		
기타사상	피고소인과의 관계 친·인척관계 없습니다.		

3. 고소취지

고소인은 피고소인을 정보통신망 이용촉진 및 정보보호 등에 관한 법률 제70조(이하, 다음부터는'정보통신망법'으로 줄여 쓰겠습니다) 제2항 거짓의 사실을 드러낸 명예훼손죄로 고소하오니 피고소인을 철저히 수사하여 법에 준엄함을 깨달을 수 있도록 엄벌에 처하여 주시기 바랍니다.

4. 범죄사실

(1) 적용법조

① 정보통신망법 제70조 재2항 거짓의 사실을 드러내어 명예훼손죄

사람을 비방할 목적으로 정보통신망을 통하여 공공연하게 거짓의 사실을 드러내어 다른 사람의 명예를 훼손한 자는 7년 이하의 징역, 10년 이하의 자격정지 또는 5,000만 원 이하의 벌금에 처하도록 돼 있습니다.

(2) 당사자관계

가. 고소인은 주소지에서 거주하고 청주시 ○○구 ○○로길 ○○, 소재 ○○시장의 상인 회 회장 직무를 보고 있습니다.

나. 피고소인은 주소지에 거주하며 위 같은 시장의 인근에서 무슨 장사를 하는지 자세하게는 알지 못합니다.

(3) 상인 회의 게시판

가. 위 ○○시장은 인근에 있는 대형마트에 비해 시설 등에 미비한 점이 많아 오래 전부터 상인 회 자체에서 고객센터를 운영하고 있습니다.

나. 우리 ○○시장 상인 회에서 운영하는 홈페이지는 개방형입니다. 누구든지 상인 회 홈페이지에 접속하여 식료품을 검색하거나 자유게판에서 자유롭게 글을 올리면 ○○시장의 발전사항이나 시정해야 할 사항에 대해서는 상인

회에서 매일 확인하고 시정사항은 바로 상인에게 전달하는 등 문제점이 있으면 바로 잡고 있으므로 ○○시장의 홈페이지는 개방형 게시판입니다.

(4) 거짓의 사실을 드러내어 명예훼손

가. 고소인은 수시로 홈페이지에 접속하여 고객들이 올린 글을 체크하고 관리하고 있는데 ○○○○. ○○. ○○. 14:09경 피고소인이 ○○○이라는 아이디로 접속하여 아래와 같이 고소인을 비방할 목적으로 확인되지 않은 거짓의 사실을 드러내어 악의적인 의도로 반복하여 게시함으로서 고소인의 명예를 심각하게 훼손시켜 사이버명예훼손죄를 위반하였습니다.

1. ○○○○. ○○. ○○. 14:45 고소인이 ○○시장의 손님을 시장 골목으로 유인하여 성추행을 하였다.

2. ○○○○. ○○. ○○. 11:23 아마 고소를 당하고 성추행을 일삼는 그런 거지 같은 시장에 물건은 사지 않겠다.

3. ○○○○. ○○. ○○. 16:17 징그러운 놈 아직까지 버티고 있네 그 모습으로 어찌 살지 걱정 된다.

(5) 피고소인의 고의

가. 피고소인은 ○○시장에서 운영하는 홈페이지는 전체 산인들은 물론이고 고객들이 수시로 방문하여 검색하는 사이트로 누구나 접속하여 볼 수 있다는 점을 잘 알고, 고소인을 비방할 의도를 가지고 접속하였으므로 전파가능성에 관한 인식이 있음은 물론이고 나아가 그 위험을 용인하는 내심의 의사를 가지고 있었다고 봄이 상당하므로 정보통신망법의 법 정의에 나와 있듯이 명예훼손의 고의가 인정된다고 할 수 있습니다.

나. 고소인이 피고소인에게 당해 게시 글의 삭제를 요구하고 정중히 사과를 요구하였음에도 불구하고 피고소인이 위 게시 글을 상당한 시일이 지체된 상태에서 삭제한 것으로 볼 때 이미 명예훼손 적 표현에 대한 전파가능성을 용인하고 있었으므로 외부에 나타난 행위의 형태와 행위의 상황 등 구체적인 사정을 기초로 하더라도 일반인이라면 그 전파가능성을 어

떻게 평가할 것인가는 피고소인의 입장에서 그 심리상태를 추인하더라도 고의성이 충분히 인정된다고 사료됩니다.

5. 고소이유

고소인으로서는 피고소인의 위와 같은 비방의 게시 글은 특성에 따라 ○○시장 내 전체 상인은 물론이고 ○○시장을 방문하는 고객에게 까지 전파되어 명예훼손 적 행위로 인한 피해의 정도가 심각할 뿐만 아니라 피해 복구가 불가능하여 돌이킬 수 없는 지경에 이르렀으므로 고소인은 피고소인을 정보통신망 이용촉진 및 정보보호 등에 관한 법률 제70조 제2항 거짓의 사실을 드러낸 사이버명예훼손 죄로 처벌을 하기 위하여 이 사건 고소에 이른 것입니다.

6. 범죄의 성립근거

가. 피해자의 특정

고소인이 ○○시장의 홈페이지를 관리하고 있고 고소인이 상인 회의 회장으로 인사말씀도 게재되어 있고 상인을 비롯하여 고객님들도 수사로 물품을 구입하기 위하여 수시로 방문하는 등 누구나 피고소인이 고소인을 지칭하여 게시 글을 올려 고소인으로 알 수 있는 상태였기에 익명성이 보장된 인터넷 공간으로서 피해자인 고소인 본인이 충분히 특정 지어진 상태입니다.

한편, 고소인은 피고소인에게 위와 같이 거짓의 사실을 드러낸 게시 글의 삭제를 요구하였으나 당장 삭제하지 않고 미루어온 점 사과를 하지 않았기 때문에 거짓의 사실을 드러내어 고소인의 명예를 훼손시킨 명예훼손에 대한 책임을 묻겠다고 종용한 사실도 있었습니다.

위와 같은 사정을 종합해 볼 때 피고소인의 고소인에 대한 1.○○○○. ○○. ○○. 14:45 고소인이 ○○시장의 손님을 시장 골목으로 유인하여 성추행을 하였다. 2.○○○○. ○○. ○○. 11:23 아마 고소를 당하고 성추행을 일삼는 그런 거지 같은 시장에 물건은 사지 않겠다. 3,○○○○. ○○. ○○. 16:17 징그러운 놈 아직까지 버티고 있네 그 모습으로 어찌 살지 걱정된다.라는 게시 글은 ○○시장의 상인이나 고객들은 피고소인이 고소인을 비방하는 사실을 쉽게 알아차릴 수 있었기 때문에 피해자가 특정됩니다.

나. 공연성

　　○○시장 상인이나 고객들이 수사로 접속하여 물품의 정보를 공유하는 게시판이므로 ○○시장의 상인은 약 120여명에 달하고 1일 평균 100여명의 고객이 방문하고 있으므로 공연성 또한 성립됩니다.

7. 증거자료

　　□ 고소인은 고소인의 진술 외에 제출할 증거가 없습니다.

　　■ 고소인은 고소인의 진술 외에 제출할 증거가 있습니다.

　　　　☞ 제출할 증거의 세부내역은 별지를 작성하여 첨부합니다.

8. 관련사건의 수사 및 재판여부

① 중복 고소여부	본 고소장과 같은 내용의 고소장을 다른 검찰청 또는 경찰서에 제출하거나 제출하였던 사실이 있습니다 □ / 없습니다 ■
② 관련 형사사건 수사유무	본 고소장에 기재된 범죄사실과 관련된 사건 또는 공범에 대하여 검찰청이나 경찰서에서 수사 중에 있습니다 □ / 수사 중에 있지 않습니다 ■
③ 관련 민사소송 유무	본 고소장에 기재된 범죄사실과 관련된 사건에 대하여 법원에서 민사소송 중에 있습니다 □ / 민사소송 중에 있지 않습니다 ■

9. 기타

　　본 고소장에 기재한 내용은 고소인이 알고 있는 지식과 경험을 바탕으로 모두 사실대로 작성하였으며, 만일 허위사실을 고소하였을 때에는 형법 제156조 무고죄로 처벌받을 것임을 아울러 서약합니다.

　　　　　　　　○○○○ 년 ○○ 월 ○○ 일

　　　　　　　　　　　위 고소인 : ○　○　○　　(인)

청주시 ○○경찰서장 귀중

별지 : 증거자료 세부 목록

  (범죄사실 입증을 위해 제출하려는 증거에 대하여 아래 각 증거별로 해당 난을 구체적으로 작성해 주시기 바랍니다)

1. 인적증거

성 명	○ ○ ○	주민등록번호	생략	
주 소	청주시 ○○구 ○○로 ○○길 ○○○,		직업	회사원
전 화	(휴대폰) 010 - 3456 - 0000			
입증하려는 내 용	위 ○○○은 피고소인의 범행일체에 대하여 소상히 알고 있으므로 이를 입증하고자 합니다.			

2. 증거서류

순번	증 거	작성자	제출 유무	
1	캡처화면	피고소인	■ 접수시 제출	□ 수사 중 제출
2	캡처화면	고소인	■ 접수시 제출	□ 수사 중 제출
3			□ 접수시 제출	□ 수사 중 제출
4			□ 접수시 제출	□ 수사 중 제출
5			□ 접수시 제출	□ 수사 중 제출

3. 증거물

순번	증 거	소유자	제출 유무	
1	캡처화면	고소인	■ 접수시 제출	□ 수사 중 제출
2			□ 접수시 제출	□ 수사 중 제출
3			□ 접수시 제출	□ 수사 중 제출
4			□ 접수시 제출	□ 수사 중 제출
5			□ 접수시 제출	□ 수사 중 제출

4. 기타증거

  추후 필요에 따라 제출하겠습니다.

【고소장(16)】 사이버명예훼손 인스타그램 SNS 에 접속하여 비방할 목적 거짓의
사실 드러내어 처벌요구 고소장 최신서식

고   소   장

고 소 인 : ○   ○   ○

피 고 소 인 : ○   ○   ○

광주시 광산경찰서장 귀중

고   소   장

1. 고소인

성 명	○ ○ ○	주민등록번호	생략
주 소	광주시 관산구 ○○로 ○○, ○○○-○○○○호		
직 업	개인사업	사무실 주 소	생략
전 화	(휴대폰) 010 - 1789 - 0000		
대리인에 의한 고 소	☐ 법정대리인 (성명 : , 연락처) ☐ 소송대리인 (성명 : 변호사, 연락처)		

2. 피고소인

아 이 디	zxcv0123@naver.com		
주 소	무지		
직 업	무지	사무실 주 소	무지
전 화	(휴대폰) 무지		
기타사항	고소인과의 관계 - 친·인척관계 없습니다.		

3. 고소취지

고소인은 피고소인을 정보통신망 이용촉진 및 정보보호 등에 관한 법률 제70조 제2항 거짓의 사실을 드러낸 사이버명예훼손죄로 고소하오니 피고소인을 철저히 수사하여 법에 준엄함을 절실히 깨달을 수 있도록 엄벌에 처하여 주시기 바랍니다.

4. 범죄사실

(1) 적용법조

○ 정보통신망 이용촉진 및 정보보호 등에 관한 법률 제70조 명예훼손죄제2항 거짓의 사실을 드러낸 명예훼손 혐의

사람을 비방할 목적으로 정보통신망을 통하여 공공연하게 거짓의 사실을 드러내어 다른 사람의 명예를 훼손한 자는 7년 이하의 징역, 10년 이하의 자격정지 또는 5,000만 원 이하의 벌금에 처하도록 돼 있습니다.

(2) 당사자관계

가. 고소인은 rokjhg83@naver.com으로 인스타그램 계정을 ○○○○. ○○. ○○. 경 개설하여 농촌마을의 지인들과 소통하기 위하여 운영하고 있습니다.

나. 피고소인은 zxcv0123@naver.com이라는 아이디를 사용하고,

1. ○○○○. ○○. ○○. ○○:○○,
2. ○○○○. ○○. ○○. ○○:○○,
3. ○○○○. ○○. ○○. ○○:○○,

고소인의 rokjhg83@naver.com 인스타그램 SNS 에 접속하여 아래의 거짓의 사실을 드러내어 고소인의 명예를 훼손시켰으므로 정보통신망법 사이버명예훼손죄를 위반하였습니다.

(3) 거짓의 사실을 드러내어 명예훼손 행위

가. 고소인은 ○○○○. ○○. ○○. 15:20경 인스타그램 SNS를 통하여 지인들과 농촌마을 회의를 다녀온 뒤 스토리, 게시 글을 공유하고 있었는데 피고소인은 ○○○○. ○○. ○○. 오후 ○○:○○분 접속하여 고소인의 사진을 보고'꼭 사기꾼 같이 생겼다. 정말 이상하게 생겼네. 저런 사기꾼 같은 놈 보기도 싫다'라는 글을 게시하여 고소인의 명예를 훼손시켰습니다.

나. 피고소인은 ○○○○. ○○. ○○. 오후 ○○:○○분 다시 접속하여'사기꾼은 말도 그럴 듯하다 한심하다 이런 글을 누가 보느냐, 수준 떨어진다.'라는 글을 게시하여 고소인의 명예를 훼손시켰습니다.

다. 피고소인은 ○○○○. ○○. ○○. 오후 ○○:○○분 재차 접속하여 '아직 정신병원 안 갔나봐 헛소리 그만해라 당신 말 누가 믿겠나.'라는 글을 게시하여 고소인의 명예를 훼손시켰습니다.

라. 피고소인은 위와 같이 확인되지 않은 거짓의 사실을 드러내어 고소인을 비방할 목적으로 악의적인 의도로 반복하여 게시함으로서 고소인의 명예를 심각하게 훼손시킨 사실이 있습니다.

(4) 피고소인의 고의

가. 피고소인은 고소인이 우리나라에서 가장 대중화된 SNS 라면 페이스북인 만큼 인스타그램은 전 세계가 널리 사용하는 SNS 종류로 가장 많은 정보가 공유되는 서비스의 계정이라는 점을 잘 알고 있으면서 고소인을 비방할 의도를 가지고 접속하여 전파가능성에 관한 인식이 있음은 물론이고 더 나아가 그 위험을 자초하고 용인하는 내심의 의사가 있습니다.

나. 고소인이 이에 삭제를 요구하고 정중히 사과하라고 요구하였음에도 피고소인은 게시 글을 삭제하지 않았고 계속 무시한 것은 전파가능성을 용인하였고 외부에 나타난 행위의 형태와 행위의 상황 등 구체적인 사정을 기초로 하더라도 일반인이라면 그 전파가능성을 어떻게 평가할 것인가는 피고소인의 입장에서 그 심리상태를 추인한다 하더라도 고의성이 인정됩니다.

5. 고소이유

○ 고소인으로서는 피고소인의 위와 같은 명예훼손 적 행위로 인한 피해 정
도가 심각할 뿐만 아니라 피해 복구가 불가능하여 돌이킬 수 없는 지경에
이르렀으므로 피고소인을 정보통신망 이용촉진 및 정보보호 등에 관한 법
률 제70조 제2항 거짓의 사실을 드러내어 명예훼손죄로 처벌을 하기 위하
여 이 사건 고소에 이른 것입니다.

6. 범죄의 성립근거

가. 피해자의 특정

고소인은 인스타그램 아이디 rokjhg83@naver.com로 농촌마을의 회원과 가
까운 지인들이 서로의 일상을 공유하는 스토리, 게시 글을 공유하는 것이
므로 고소인이 어디에서 무슨 일을 하고 현재 무슨 영업을 하는 누구인지
알 수 있는 상태였기에 익명성이 보장된 인터넷 공간으로서 피해자인 고소
인 본인이 충분히 특정 지어진 상태입니다.

한편, 고소인은 피고소인에게 위와 같이 게재된 거짓의 사실을 드러낸 게
시 글의 삭제를 요구하였으나 삭제하지 않았고 정중한 사과를 요구하였음
에도 이에 아랑곳하지 않고 계속해서 거짓의 사실을 드러내어 고소인의 명
예를 훼손시킨 행위에 대한 책임을 묻겠다고 알려준 사실도 있습니다.

위와 같은 사정을 종합해 볼 때 피고소인의 고소인에 대한 (1)'꼭 사기꾼
같이 생겼다. 정말 이상하다 사기꾼 같이 보기가 싫다'(2)'정말 사기꾼은 말
도 그럴 듯하다 한심하다 이런 글을 누가 보느냐, 수준 떨어져 못 보겠다.
(3)'사기꾼 아직 정신병원 안 갔나봐 헛소리 그만해라 당신 말 누가 믿겠
나.'는 거짓의 사실을 드러내어 명예훼손 적 내용은 수도 없이 방문하는 농
총마을 회원이나 지인들이 소식을 듣고자 접속하는 분들이면 누구나 고소
인을 비방하는 사실을 쉽게 알아차릴 수 있었기 때문에 피해자가 특정된다
고 볼 수 있습니다.

나. 공연성

고소인이 운영하는 인스타그램은 rokjhg83@naver.com은 현재까지 가입된

농촌마을 회원이나 친구들만 해도 무려 〇,〇〇〇명에 달하고 1일평균 일상을 공유하는 친구들만 해도 〇,〇〇〇명이 넘을 정도로 가장 많은 정보가 공유되는 서비스입니다.

때문에 공연성이 성립됩니다.

7. 증거자료

□ 고소인은 고소인의 진술 외에 제출할 증거가 없습니다.

■ 고소인은 고소인의 진술 외에 제출할 증거가 있습니다.

☞ 제출할 증거의 세부내역은 별지를 작성하여 첨부합니다.

8. 관련사건의 수사 및 재판여부

① 중복 고소여부	본 고소장과 같은 내용의 고소장을 다른 검찰청 또는 경찰서에 제출하거나 제출하였던 사실이 있습니다 □ / 없습니다 ■
② 관련 형사사건 수사유무	본 고소장에 기재된 범죄사실과 관련된 사건 또는 공범에 대하여 검찰청이나 경찰서에서 수사 중에 있습니다 □ / 수사 중에 있지 않습니다 ■
③ 관련 민사소송 유무	본 고소장에 기재된 범죄사실과 관련된 사건에 대하여 법원에서 민사소송 중에 있습니다 □ / 민사소송 중에 있지 않습니다 ■

9. 기타

본 고소장에 기재한 내용은 고소인이 알고 있는 지식과 경험을 바탕으로 모두 사실대로 작성하였으며, 만일 허위사실을 고소하였을 때에는 형법 제156조 무고죄로 처벌받을 것임을 아울러 서약합니다.

○○○○ 년 ○○ 월 ○○ 일

위 고소인 : ○ ○ ○   (인)

광주시 광산경찰서장 귀중

별지 : 증거자료 세부 목록

　　　(범죄사실 입증을 위해 제출하려는 증거에 대하여 아래 각 증거별로
　　해당 난을 구체적으로 작성해 주시기 바랍니다)

1. 인적증거

성　명	○ ○ ○	주민등록번호	생략	
주　소	광주시 ○○구 ○○로 ○○길 ○○○,		직업	개인사업
전　화	(휴대폰) 010 - 7612 - 0000			
입증하려는 내　용	위 ○○○은 피고소인의 범행일체에 대하여 소상히 알고 있으므로 이를 입증하고자 합니다.			

2. 증거서류

순번	증　거	작성자	제출 유무	
1	캡처화면	피고소인	■ 접수시 제출	□ 수사 중 제출
2	캡처화면	고소인	■ 접수시 제출	□ 수사 중 제출
3			□ 접수시 제출	□ 수사 중 제출
4			□ 접수시 제출	□ 수사 중 제출
5			□ 접수시 제출	□ 수사 중 제출

3. 증거물

순번	증　거	소유자	제출 유무	
1	캡처화면	고소인	■ 접수시 제출	□ 수사 중 제출
2			□ 접수시 제출	□ 수사 중 제출
3			□ 접수시 제출	□ 수사 중 제출
4			□ 접수시 제출	□ 수사 중 제출
5			□ 접수시 제출	□ 수사 중 제출

4. 기타증거

　　추후 필요에 따라 제출하겠습니다.

■ 대한법률콘텐츠연구회 ■

◆ 편 저 : 법률용어사전

　　　　건설 법전
　　　　산재판례 100선
　　　　판례 소법전
　　　　손해배상과 불법 행위
　　　　필수 산업재해 보상법
　　　　산업재해 이렇게 해결하라

명예훼손죄·사이버 명예훼손죄 실무지침서
명예훼손·사이버 명예훼손 고소방법

2023년 02월 05일 인쇄
2023년 02월 10일 발행

편　저　대한법률콘텐츠연구회
발행인　김현호
발행처　법문북스
공급처　법률미디어

주소 서울 구로구 경인로 54길4(구로동 636-62)
전화 02)2636-2911~2, 팩스 02)2636-3012
홈페이지 www.lawb.co.kr

등록일자 1979년 8월 27일
등록번호 제5-22호

ISBN 979-11-92369-61-7(13360)

정가 20,000원

인터넷에 의해 구현되는 사이버스페이스(cyberspace)는 그 획기적인 여러 기능들, 전 세계를 하나의 시간대로 묶어주는 동시성, 쌍방향성, 접근의 용이성, 익명성 등 가상공간을 통한 음란물 유통, 개인의 인격 침해행위, 사이버명예훼손이 갈수록 극심해지고 폭발적으로 증가해가고 있습니다.

접근성이 높아지면서 온라인에 다양한 의견을 표출하는 방법과 기회가 늘어나고 있습니다. 그와 비례하여 사이버 상 명예훼손 게시 글에 대한 고소건수도 점점 많아지고 있습니다.

명예훼손은 반의사불벌죄로서 특성상 게시 자가 특정되면 고소인이 합의금을 받고 고소를 취소하는 경우가 많습니다. 이러한 점을 이용하여 처음부터 합의금을 목적으로 대량 고소를 진행하는 경우도 발생하고 있습니다. 어떻게 보면 국가가 이와 같은 사익(합의금)을 목적으로 하는 대량고소에 대해 수사력을 투입하는 것이 부적절하다는 지적이 있는 것도 사실입니다.

13360

9 791192 369617
ISBN 979-11-92369-61-7

20,000원